HBASE - SHELL AL MÁXIMO

Creación y Uso de Scripts y Comandos
para el Shell de HBase

José Edgardo Morales Barroso

Ediciones Narizko

CONTENIDO

PRÓLOGO

"…estaba ahí, en el centro de la gruta, sobre una gran roca de oro; un pequeño rubí, redondo, un tanto reluciente, como un grano de granada al sol…"

(El Rubí – Azul, 1888 – Rubén Darío)

Dentro del conjunto de herramientas que se encuentran formando parte del ecosistema de **Hadoop**, se destaca **HBase** como base de datos **No SQL**, la cual cuenta con un **Shell** que permite ejecutar las distintas tareas necesarias para el control de la misma.

Sin embargo, a pesar de ser **HBase**, un software escrito en *Java*, no es éste el lenguaje de consulta dentro del **Shell**, sino **Ruby**; por lo cual se hace prioritario entender su uso dentro del entorno interactivo para obtener el mejor provecho.

A quien está dirigido

Este libro está pensado para aquellos profesionales que conociendo o no la forma de utilizar el **Shell** de **HBase**, deseen perfeccionar su uso y extender el número de comandos disponibles o automatizar sus tareas cotidianas y repetitivas por medio de la creación de *Scripts* en el lenguaje de consulta propio de la herramienta: *Ruby*.

Se asume que el lector no está buscando aprender el uso de *HBase*, del lenguaje *Ruby* o la forma de crear programas en estas herramientas, que se ejecuten totalmente independientes.

Sin embargo, sí se asume que el lector está buscando conocer una manera efectiva de tener las cosas hechas con lo que ya ofrece el mismo *Shell* de *HBase*, a través de ejemplos prácticos de *Scripts* y comandos realizados en *Ruby*, que pueden ser reutilizados en su labor diaria.

1 INTRODUCCIÓN

1.1 ¿Qué Es Hbase?

HBase es un manejador de Base de Datos Distribuido No-Relacional que forma parte del ambiente de *Hadoop*, el cual usa como medio de almacenamiento al *HDFS* (*Hadoop Distributed File System* – Sistema de Archivos Distribuido de Hadoop).

Siendo las siguientes, a nivel general, algunas de las consideraciones que debemos tomar en cuenta a la hora de utilizar *HBase*:

- Búsqueda aleatoria en tiempo real de tipo: Llave-Valor
- Organización columnar
- Acceso aleatorio
- Al ser un software escrito en *Java*, se incluye un *API* de cliente en este lenguaje, tanto para administración como para manipulación de datos.
- Las dos maneras de comunicarse con *HBase* es, ya sea por medio de la *API* de *Java* o por medio del *Shell* Interactivo

Y a nivel de organización lógica de los datos, las listadas a continuación (puntos adaptados desde tutorialspoint - HBase Tutorial):

- Un **Espacio Nominal (namespace)** es un **Conjunto de Tablas**
- Una **Tabla** es un **Conjunto de Renglones**
- Un **Renglón** es un **Conjunto de Familias de Columnas**
- Una **Familia de Columnas** es un **Conjunto de Columnas**
- Una **Columna** es un **Conjunto de Duplas Llave-Valor**

1.2 ¿Qué Es El Shell De Hbase?

El *Shell* es uno de los medios a través del cual se puede interactuar con *HBase*, además de la *API* de *Java* proporcionada. Al ser este un software interactivo, nos permite introducir diversos comandos y obtener respuesta de los mismos al momento.

Las consideraciones a tomar en cuenta al momento de usar el *Shell* de *HBase* son las siguientes:

- Los comandos pueden introducirse directamente escribiéndolos dentro del *Shell* de *HBase* mismo
- Los comandos pueden introducirse en un archivo en forma de *Script* y permitir que el *Shell* de *HBase* lo ejecute de manera automática
- Los comandos que se introducen en el *Shell* de *HBase*, se corresponden con la sintaxis del lenguaje Ruby
- El *Shell* de *HBase* es en realidad un *irb* (*Interactive Ruby Shell*) de *JRuby*, con los comandos para interactuar con *HBase* formando parte de él

1.3 ¿Qué Tipos De Comandos Se Pueden Ejecutar

En El Shell De Hbase?

El *Shell* de *HBase* nos permite ejecutar diversos comandos, los cuales a su vez nos permiten conocer el estado de nuestro *HBase*, definir nuestros datos o manipularlos y podríamos ubicarlos en cualquiera de los siguientes grupos:

- Comandos Informativos
- Comandos de Definición de Datos (DDL - *Data Definition Language* - Lenguaje de Definición de Datos)
- Comandos de Manipulación de Datos (DML - *Data Manipulation Language* – Lenguaje de Manipulación de Datos)

1.4 ¿Cómo Ejecutar El Shell Interactivo Y Cómo Ejecutar Un Script A Través Del Shell?

Para ejecutar el *Shell* de *HBase* en modo interactivo, se introduce el siguiente comando a nivel de sistema operativo:

```
$ hbase shell
```

Para ejecutar un *script* por medio del *Shell* de *HBase*, se introduce el siguiente comando a nivel de sistema operativo:

```
$ hbase shell script.rb
```

1.5 ¿Dónde Ejecutar Nuestros Comandos Y Scripts?

La mejor manera de practicar los comandos y *scripts* presentes en este libro, es utilizando el clúster en ambiente de desarrollo de la empresa donde trabajamos, pero en caso de no tener acceso al mismo, la instalación de *HBase* de la máquina virtual de *Cloudera* es perfectamente funcional.

Para la ejecución de los comandos de este libro, se está usando la instalación de la máquina virtual de *Cloudera* bajo las siguientes características:

- Instalación: **cloudera-quickstart-vm-5.13.0-0-virtual-box**
- Versión de Cloudera: **5.13.0**
- Versión de HBase: **1.2.0-cdh5.13.0**
- Editor para los Scripts: **VIM - Vi IMproved 7.4**

2 EL SHELL DE HBASE: COMANDOS INFORMATIVOS

Los comandos de tipo informativo o generales, son aquellos que nos permiten conocer los detalles del *HBase* con el cual nos estamos comunicando; o inclusive, conocer quiénes somos nosotros para él.

2.1 Conocer La Versión De Hbase

Para conocer la versión del *HBase* con el que se interactúa, se debe utilizar el comando *version*:

```
hbase(main):001:0> version
1.2.0-cdh5.13.0, rUnknown, Wed Oct  4 11:16:18 PDT 2017
```

2.2 Conocer El Estado Actual Del Clúster De Hbase

Para conocer el estado de nuestra instalación de *HBase* se debe ejecutar el siguiente comando:

```
hbase(main):002:0> status
1 active master, 0 backup masters, 1 servers, 0 dead, 5.0000 average load
```

El comando *status* puede tomar las siguientes opciones, dependiendo de la información que se necesite conocer: *'summary'*, *'simple'*, *'detailed'*, o *'replication'*. La opción *'replication'* acepta el argumento *'sink'* o el argumento *'source'*. Cuando no se especifica la opción, devuelve la misma información que la opción *'summary'*.

Sintaxis:

```
status '<opción>' '<argumento>'
```

2.3 Conocer El Usuario Con El Que Se Está Conectado A Hbase

Para saber con qué usuario se está conectado a HBase, utilizar el siguiente comando:

```
hbase(main):003:0> whoami
cloudera (auth:SIMPLE)
groups: cloudera, default
```

2.4 Obtener Una Guía Rápida Acerca De Los Comandos Posibles A Nivel De Tablas

Una manera de obtener una ayuda rápida acerca de los comandos que podemos ejecutar sobre una tabla, antes o después de crearse, ejecutar el siguiente comando:

```
hbase(main):004:0> table_help
```

Help for table-reference commands.

You can either create a table via 'create' and then manipulate the table via commands like 'put', 'get', etc.

See the standard help information for how to use each of these commands...

3 EL SHELL DE HBASE: COMANDOS DE DEFINICIÓN DE DATOS

Los comandos de definición de datos, son aquellos que nos permiten establecer la estructura que ha de organizar nuestros datos para obtener la información correcta de manera eficiente.

3.1 Creación De Tablas

En este punto crearemos las tablas que nos serán de utilidad para continuar conociendo el *Shell* de *HBase* y éstas estarán dentro del ámbito de una biblioteca.

Nuestras tablas deberán cumplir con los siguientes requerimientos:

- **Tabla 01**
  - Espacio nominal: **biblioteca**
  - Nombre de tabla: **libros**
  - Familias de columnas: **identificación, editorial, autor**

- **Tabla 02**
  - Espacio de nombres: **biblioteca**
  - Nombre de tabla: **usuarios**
  - Familias de columnas: **identificación, dirección**
- **Tabla 03**
  - Espacio de nombres: **biblioteca**
  - Nombre de tabla: **incunables**
  - Familias de columnas: **identificación, editorial, autor**

Los comandos de creación a utilizar son: *create_namespace* y *create*. El primero nos permitirá crear el espacio nominal y el segundo, nos permitirá crear las tablas.

Sintaxis:

```
create_namespace '<espacio_nominal>'
create '<espacio_nominal:><nombre_tabla>', '<familia>'..., '<familia>'
```

Ejecución:

```
# Creación del espacio nominal 'biblioteca'
hbase(main):001:0> create_namespace 'biblioteca'
0 row(s) in 0.0980 seconds
# Verificación de la existencia del espacio nominal
hbase(main):002:0> list_namespace
NAMESPACE
biblioteca
default
hbase
```

9

3 row(s) in 0.0490 seconds

> **Nota**: *default y hbase son espacios nominales predefinidos:*
> ° **hbase:** *Se usa para agrupar a las tablas internas de HBase*
> ° **default:** *Se usa para agrupar a las tablas que no tienen un espacio nominal explícito*

Creación de la tabla **'libros'** en el espacio nominal **'biblioteca'**
hbase(main):003:0> **create** 'biblioteca:libros', 'identificación', 'editorial', 'autor'
0 row(s) in 2.3700 seconds

=> Hbase::Table - biblioteca:libros

Creación de la tabla **'usuarios'** en el espacio nominal **'biblioteca'**
hbase(main):004:0> **create** 'biblioteca:usuarios', 'identificación', 'dirección'
0 row(s) in 1.2530 seconds

=> Hbase::Table - biblioteca:usuarios

Creación de la tabla **'incunables'** en el espacio nominal **'biblioteca'**
hbase(main):005:0> **create** 'biblioteca:incunables', 'identificación', 'editorial', 'autor'
0 row(s) in 2.4140 seconds

=> Hbase::Table - biblioteca:incunables

Verificación de la existencia de las nuevas tablas
hbase(main):006:0> **list**
TABLE
biblioteca:incunables
biblioteca:libros
biblioteca:usuarios
3 row(s) in 0.0250 seconds

=> ["biblioteca:incunables","biblioteca:libros", "biblioteca:usuarios"]

Resumen de comandos utilizados:

- **create_namespace:** Crea un nuevo espacio nominal
- **list_namespace:** Nos devuelve la lista de los espacios nominales actuales. Allí deben aparecer los recientemente creados.
- **create:** Crea una nueva tabla
- **list:** Nos devuelve una lista de las tablas actuales. Allí deben aparecer las nuevas.

3.2 Borrado De Tablas

Debido a la escasez de incunables en nuestra biblioteca de ejemplo (de hecho, cero de ellos), la junta directiva ha decidido que no se requiere esta parte de la biblioteca; por lo tanto, a nivel de sistemas se ha pedido que también se elimine esta sección, por lo cual deberá borrarse la tabla de *incunables* de nuestra base de datos.

Deberá entonces cumplirse el siguiente requerimiento:

- Eliminación de tabla
  - Espacio de nombres: **biblioteca**
  - Nombre de tabla: **incunables**

El comando a utilizar para la eliminación es *drop*, sin embargo, para poder borrar una tabla de *HBase*, es necesario deshabilitarla primero, en este caso, por medio del comando *disable*.

Sintaxis:

```
disable '<espacio_nominal:><tabla>'
drop '<espacio_nominal:><tabla>'
```

Ejecución:

```
# Desabilitar la tabla 'incunables' del espacio nominal 'biblioteca'
hbase(main):007:0> disable "biblioteca:incunables"
0 row(s) in 2.4870 seconds

# Verificar que realmente este deshabilitada la tabla
hbase(main):008:0> is_disabled "biblioteca:incunables"
true
0 row(s) in 0.0360 seconds

# Eliminar la tabla 'incunables' del espacio nominal 'biblioteca'
hbase(main):009:0> drop 'biblioteca:incunables'
0 row(s) in 1.3320 seconds

# Verificar que la table efectivamente ya no exista
hbase(main):010:0> exists 'biblioteca:incunables'
Table biblioteca:incunables does not exist
0 row(s) in 0.0290 seconds
```

> *Nota: (Traducción): Table biblioteca:incunables does not exist => Tabla biblioteca:incunables no existe*

Resumen de comandos utilizados:

- **disable:** Deshabilita una tabla
- **is_disabled:** Indica si una tabla esta deshabilitada
- **drop:** Elimina una tabla
- **exists:** Informa si una tabla existe

Comandos relacionados:

- **disable_all:** Deshabilita todas las tablas que coincidan con la expresión regular que se proporcione como argumento
- **enable:** Habilita una tabla
- **is_enabled:** Indica si una tabla está habilitada
- **enable_all:** Habilita todas las tablas que coincidan con la expresión regular que se proporcione como argumento

3.3   Modificación De Tablas

Con motivo de un cambio de políticas con respecto a la información solicitada a los usuarios de la biblioteca, la junta directiva ha decidido dejar de requerir los datos sobre dirección física y en su lugar, mejor obtener los datos de contacto. Por lo tanto, a nivel de sistemas se ha pedido que se elimine la familia de columnas *dirección* y se cree una nueva denominada *contacto*.

Deberá entonces cumplirse el siguiente requerimiento:

- Modificación de tabla
    - Espacio de nombres: **biblioteca**
    - Nombre de tabla: **usuarios**
    - Familia de columnas a eliminar: **dirección**

◦ Familia de columnas a crear: **contacto**

El comando a utilizar para eliminar y agregar familias de columnas es *alter*; donde para el primer caso se necesita especificar la palabra *delete* (borrar) más el nombre de la familia de columnas y para el segundo solo se necesita especificar el nombre de la nueva familia de columnas.

Sintaxis:

```
alter '<espacio_nominal:><tabla>', 'delete' => '<familia_de_columnas>'
alter '<espacio_nominal:><tabla>', '<familia_de_columnas>'
```

Ejecución:

```
# Eliminar la familia de columnas 'dirección' de la tabla 'usuarios' del espacio
nominal 'biblioteca'
hbase(main):011:0> alter 'biblioteca:usuarios', 'delete' => 'dirección'
Updating all regions with the new schema
1/1 regions updated.
Done.
0 row(s) in 1.9780 seconds

# Crear la nueva familia de columnas: 'contacto'
hbase(main):012:0> alter "biblioteca:usuarios", "contacto"
Updating all regions with the new schema...
1/1 regions updated.
Done.
0 row(s) in 2.1710 seconds

# Verificar que la familia de columnas 'dirección' ya no exista.
```

y que se encuentre presente la nueva familia de columnas **'contacto'**

hbase(main):014:0> **describe** "biblioteca:usuarios"

Table biblioteca:usuarios is ENABLED

biblioteca:usuarios

COLUMN FAMILIES DESCRIPTION

{**NAME => 'contacto'**, DATA_BLOCK_ENCODING => 'NONE', BLOOMFILTER => 'ROW', REPLICATION_SCOPE => '0', COMPRESSION => 'NONE', VERSIONS => '1', TTL => 'FOREVER', MIN_VERSIONS => '0', KEEP_DELETED_CELLS => 'FALSE', BLOCKSIZE => '65536', IN_MEMORY => 'false', BLOCKCACHE => 'true'}

{**NAME => 'identificación'**, DATA_BLOCK_ENCODING => 'NONE', BLOOMFIL-TER => 'ROW', REPLICATION_SCOPE => '0', VERSIONS => '1', COMPRESSION => 'NONE', MIN_VERSIONS => '0', TTL => 'FOREVER', KEEP_DELETED_CELLS => 'FALSE', BLOCKSIZE => '65536', IN_MEMORY => 'false', BLOCKCACHE => 'true'}

2 row(s) in 0.0360 seconds

Resumen de commandos utilizados:

- **alter:** Permite modificar la estructura de una tabla. En este caso eliminar y agregar una familia de columnas
- **describe:** Muestra la información de una tabla. En este caso nos permite ver que familias de columnas existen

4 EL SHELL DE HBASE: COMANDOS DE MANIPULACIÓN DE DATOS

Los comandos de manipulación de datos, son aquellos que nos permiten establecer y controlar el contenido de nuestras tablas, así como recuperar la información de las mismas.

4.1 Introducción De Datos

Ahora que ya tenemos nuestras tablas definidas, es necesario introducir información en ellas; así que ha llegado el momento de capturar la información de nuestros tres primeros libros y nuestros tres primeros usuarios

Se deberá cumplir con los siguientes requerimientos:

- Espacio nominal: **biblioteca**

- Tabla: **libros**
- Claves de libro: es001, al001, br001
- Familia de columnas: **identificación**
  - título: **Don Quijote de la Mancha** | título_original: **Don Quijote de la Mancha**
  - título: **La Metamorfosis** | título_original: **Die Weißen Blätter**
  - título: **Orgullo y Prejuicio** | título_original: **Pride and Prejudice**
- Familia de columnas: **autor**
  - nombre: **Miguel** | apellido: **De Cervantes y Saavedra**
  - nombre: **Franz** | apellido: **Kafka**
  - nombre: **Jane** | apellido: **Austen**
- Familia de columnas: **editorial**
  - nombre: **Mundo** | país: **México**
  - nombre: **Country** | país: **España**
  - nombre: **Mundo** | país: **México**

- Espacio nominal: **biblioteca**
- Tabla: **usuarios**
- Ids de usuario: **1, 2, 3**
- Familia de columnas: **identificación**
  - **nombre:** Juan | **apePat:** López | **apeMat:** Méndez
  - **nombre:** Laura | **apePat:** Reyes | **apeMat:** Mazo
  - **nombre:** Luis | **apePat:** Pérez | **apeMat:** Macías
- Familia de columnas: **contacto**
  - email: **julome@mail.com** | tel: **271 143 2353**
  - email: **laura.reyes@correo.com** | tel: **442 342 1344**
  - email: **Luis2020@mail.com** | tel: **55 4567 4534**

El comando de inserción de nuevos datos en tabla es *put*. Al momento de utilizar este comando, debemos introducir el valor del campo llave, cuyo nombre de referencia es *row key* (llave del renglón), *identificador del renglón* o simplemente *row* (renglón), que es como aparece denominado dentro del Shell. Debemos especificar también el nombre de la familia de columnas junto con el nombre de la columna y finalmente el valor a registrar.

> *Nota:* *Las columnas no necesitan tener tipos de datos homogéneos (incluyendo al* ***row key***)*, tampoco se necesita crear previamente las columnas ni tener el mismo número de ellas en cada renglón de una familia de columnas.*

Sintaxis:

```
put '<espacionominal:><tabla>', 'rowid', '<familia:><columna>', '<valor>'
```

Ejecución:

```
# Inserción de datos correspondientes al libro 'Don Quijote de la Mancha'
# 'biblioteca:libros:identificación'
hbase(main):001:0> put 'biblioteca:libros', 'es001', 'identificación:titulo', 'Don Quijote de la Mancha'
0 row(s) in 0.0200 seconds
hbase(main):002:0> put 'biblioteca:libros', 'es001', 'identificación:titulo_original', 'Don Quijote de la Mancha'
0 row(s) in 0.6170 seconds
# 'biblioteca:libros:autor'
hbase(main):003:0> put 'biblioteca:libros', 'es001', 'autor:nombre', 'Miguel'
0 row(s) in 0.0200 seconds
hbase(main):004:0> put 'biblioteca:libros', 'es001', 'autor:apellido', 'De Cervantes y Saavedra'
0 row(s) in 0.0260 seconds
```

'biblioteca:libros:editorial'

hbase(main):005:0> **put** 'biblioteca:libros', 'es001', 'editorial:nombre', 'Mundo'

0 row(s) in 0.0150 seconds

hbase(main):006:0> **put** 'biblioteca:libros', 'es001', 'editorial:pais', 'México'

0 row(s) in 0.0160 seconds

> ***Nota:*** *Por motivos de claridad solo se muestra la ejecución correspondiente al libro de Don Quijote*

Verificar datos introducidos

hbase(main):007:0> **scan** "biblioteca:libros",
{COLUMNS=>['identificación','autor','editorial:nombre','editorial:pais']}

ROW   COLUMN+CELL

es001 column=**autor:apellido**, timestamp=1610714781880, value=De Cervantes y Saavedra

es001 column=**autor:nombre**, timestamp=1610715111148, value=Miguel

es001 column=**editorial:nombre**, timestamp=1610715223747, value=Mundo

es001 column=**editorial:pais**, timestamp=1610715228603, value=M\xC3\xA9 xico

es001 column=**identificación:titulo**, timestamp=1610714302344, value=Don Quijote de la Mancha

es001 column=**identificación:titulo_original**, timestamp=1610714493488, value=Don Quijote de la Mancha

Resumen de comandos utilizados:

- **put**: Permite introducir o sobrescribir una celda de información en un renglón de una tabla
- **scan**: Permite visualizar la información contenida en una tabla

4.2 Actualización De Datos

Después de revisar la información acerca del libro titulado *"Don Quijote de la Mancha"*. la junta directiva se ha dado cuenta que envió equivocados los datos correspondientes a la editorial, ya que en vez de la editorial *"Mundo"* de *México*, debería ser la editorial *"Macondo"* de *Colombia*; por tanto, han enviado la petición al departamento de hacer la actualización correspondiente.

El requerimiento es el siguiente:

- Espacio nominal: **biblioteca**
- Tabla: **libros**
- Renglón: **es001**
- Familia de columnas: **editorial**
- Columna: **nombre**
  - Original: **Mundo**
  - Nuevo: **Macondo**
- Columna: país
  - Original: **México**
  - Nuevo: **Colombia**

El comando a utilizar, es el mismo comando *put*; de igual manera, bajo la misma sintaxis; ya que éste, además de insertar los datos en caso de no existir, puede sobrescribir los que ya existan.

Sintaxis:

```
put '<espacionominal:><tabla>', 'rowid', '<familia:><columna>', '<valor>'
```

Ejecución:

Actualizar nombre y país de editorial

hbase(main):008:0> **put** 'biblioteca:libros', 'es001', 'editorial:nombre', 'Macondo'

0 row(s) in 0.1330 seconds

hbase(main):009:0> **put** 'biblioteca:libros', 'es001', 'editorial:pais', 'Colombia'

0 row(s) in 0.0510 seconds

Verificar el cambio

hbase(main):010:0> **get** 'biblioteca:libros', 'es001'

COLUMN	CELL
autor:apellido	timestamp=1610714781880, value=De Cervantes y Saavedra
autor:nombre	timestamp=1610715111148, value=Miguel
editorial:nombre	timestamp=1610860707974, **value=Macondo**
editorial:pais	timestamp=1610860709243, **value=Colombia**
identificación:titulo	timestamp=1610714302344, value=Don Quijote de la Mancha
identificación:titulo_original	timestamp=1610714493488, value=Don Quijote de la Mancha

6 row(s) in 0.0400 seconds

Resumen de comandos utilizados:

- **put**: Permite introducir o sobrescribir una celda de información en un renglón de una tabla
- **get**: Permite visualizar la información contenida en un renglón determinado de una tabla

4.3 Borrado De Datos

En una nueva actualización de la información correspondiente a los libros capturados, se ha notificado que la editorial *Macondo* ha dejado de ser local a *Colombia*, para considerarse perteneciente al continente o subcontinente (dependiendo de la bibliografía consultada) de **Sudamérica**. Por tanto, se ha solicitado la actualización correspondiente al departamento de sistemas; la cual se traduce en eliminar la celda correspondiente a **país** y agregar la celda correspondiente a **continente**.

Los comandos a utilizar para realizar la petición son **delete** y **append**; el primero elimina una celda y el segundo nos permite agregar otra.

> **Nota:** Se puede utilizar **put** en vez de **append**. La sintaxis es la misma.

Sintaxis:

```
append '<espacionominal:><tabla>', 'rowid', '<familia:><columna>', '<valor>'
```

Ejecución:

```
# Eliminar la celda país del espacio nominal 'editorial' del reglon 'es001'
hbase(main):011:0> delete 'biblioteca:libros', 'es001', 'editorial:pais'
0 row(s) in 0.0200 seconds

# Agregar la nueva celda 'continente' en el espacio nominal 'editorial' del
renglón 'es001'
hbase(main):012:0> append 'biblioteca:libros', 'es001', 'editorial:continente',
'Sudamerica'
0 row(s) in 0.0060 seconds

hbase(main):014:0> get 'biblioteca:libros', 'es001'
COLUMN               CELL
autor:apellido       timestamp=1610714781880, value=De Cervantes y
Saavedra
```

autor:nombre   timestamp=1610715111148, value=Miguel

editorial:continente   timestamp=1610870497313, **value=Sudamerica**

editorial:nombre   timestamp=1610870312151, value=Macondo

identificación:titulo   timestamp=1610714302344, value=Don Quijote de la Mancha

identificación:titulo_original timestamp=1610714493488, value=Don Quijote de la Mancha

6 row(s) in 0.0170 seconds

Resumen de comandos utilizados:

- **delete:** Elimina una celda de un renglón
- **append:** Agrega una nueva celda en un renglón
- **get:** Visualiza el contenido de un reglón

Comandos relacionados:

- **put:** Agrega una nueva celda en un renglón
- **deleteall:** Elimina todas las celdas de un renglón

4.4 Lectura De Datos

Después de cada movimiento que afecta la base de datos, siempre es conveniente verificar que de verdad se haya efectuado la acción deseada. O es posible, que simplemente se desee conocer que datos se tienen guardados.

Para el caso de nuestra biblioteca, la junta directiva desea confirmar que existan los datos de los 3 usuarios actuales y también confirmar que ya se encuentre actualizada la información de la *editorial* de *"Don Quijote de la Mancha"*. No es necesario enviar reporte, solo informar por email diciendo que sí, pero quien escriba el email, deberá verificar que en verdad todo se haya efectuado con éxito.

El requerimiento es el siguiente:

- Espacio nominal: **biblioteca**
- Tabla: **libros**
- Renglón: **es001**
- Familia de columnas: **editorial**
- Columna: **continente**
- Valor: **Sudamérica**
- Acción: **Verificar existencia**

- Espacio nominal: **biblioteca**
- Tabla: **usuarios**
- Renglones: **1, 2, 3**
- Acción: **Verificar existencia con datos**

Los comandos que permiten cumplir con lo solicitado son *scan* y *get*; el primero muestra todos los datos de una tabla y el segundo permite obtener los datos de un solo renglón.

Sintaxis:

```
scan '<espacionominal:><tabla>'
get '<espacionominal:><tabla>', 'rowid'
```

Ejecución:

Verificación de la existencia de los 3 renglones 1,2 y 3 y sus datos

hbase(main):015:0> **scan** "biblioteca:usuarios"

ROW   COLUMN+CELL

1   column=contacto:email, timestamp=1610947774942, **value=julome@ mail.com**

1   column=contacto:tel, timestamp=1610947774985, **value=271 143 2353**

1   column=identificación:apeMat, timestamp=1610947753314, **value=M \xC3\xA9ndez**

1   column=identificación:apePat, timestamp=1610947753274, **value=L \xC3\xB3pez**

1   column=identificación:nombre, timestamp=1610947753213, **value=Juan**

2   column=contacto:email, timestamp=1610947775058, **value=laura.reyes@ correo.com**

2   column=contacto:tel, timestamp=1610947775093, **value=442 342 1344**

2   column=identificación:apeMat, timestamp=1610947753451, **value=Mazo**

2   column=identificación:apePat, timestamp=1610947753411, **value=Reyes**

2   column=identificación:nombre, timestamp=1610947753371, **value=Laura**

3   column=contacto:email, timestamp=1610947775156, **value=Luis2020@ mail.com**

3   column=contacto:tel, timestamp=1610947775897, **value=55 4567 4534**

3   column=identificación:apeMat, timestamp=1610947759499, **value=Mac \xC3\xADas**

3   column=identificación:apePat, timestamp=1610947753540, **value=P \xC3\xA9rez**

3   column=identificación:nombre, timestamp=1610947753503, **value=Luis**

3 row(s) in 0.0590 seconds

Verificar la existencia de la actualización del libro de **'Don Quijote de la Mancha'**

hbase(main):016:0> **get** 'biblioteca:libros', 'es001'

COLUMN   CELL

autor:apellido   timestamp=1610714781880, value=De Cervantes y Saavedra

autor:nombre   timestamp=1610715111148, value=Miguel

editorial:continente   timestamp=1610870497313, **value=Sudamerica**

    editorial:nombre   timestamp=1610870312151, value=Macondo

    identificación:titulo   timestamp=1610714302344, value=Don Quijote de la Mancha

    identificación:titulo_original timestamp=1610714493488, value=Don Quijote de la Mancha

    6 row(s) in 0.0640 seconds

Resumen de comandos utilizados:

- **scan:** Muestra los renglones de una tabla
- **get:** Muestra las celdas de un renglón

5 EL SHELL DE HBASE: SELECCIÓN DE COLUMNAS

La selección de columnas, nos permite elegir cuales de ellas queremos recuperar a partir de los comandos *get* y *scan*.

A lo largo de este capítulo, se mostrarán diversos tipos de búsquedas, donde interviene la selección de columnas o familias de columnas, desde el conjunto de datos de nuestra biblioteca.

5.1 Selección De Columnas

Sintaxis General:

```
scan '<espacio_nominal:><tabla>', {COLUMNS=>['<familia_01>'..., '<familia_n>'..., '<familia_n:><columna>']}
get '<espacio_nominal:><tabla>', <renglón>, {COLUMNS=>['<familia_01>'..., '<familia_n>'..., '<familia_n:><columna>']}
```

> **Nota:** *Se puede utilizar la palabra COLUMN o la palabra COLUMNS; son ambas intercambiables.*

5.2 Formas De Uso De La Selección De Columnas

En este punto se muestran diversas formas de utilizar la selección de columnas.

5.2.1 Seleccionar Una Familia De Columnas

Requerimiento:

- Mostrar la información correspondiente al *autor* de todos los libros de nuestra biblioteca

Sintaxis utilizada:

```
scan '<espacio_nominal:><tabla>', {COLUMNS=> ['<familia>']}
```

Ejecución:

```
# Recuperar la información relacionada con el autor de todos los libros
hbase(main):001:0> scan 'biblioteca:libros', {COLUMNS=>['autor']}
ROW   COLUMN+CELL
al001   column=autor:apellido, timestamp=1610948835784, value=Kafka
al001   column=autor:nombre, timestamp=1610948835738, value=Franz
br001   column=autor:apellido, timestamp=1610948836645, value=Austen
br001   column=autor:nombre, timestamp=1610948835827, value=Jane
es001   column=autor:apellido, timestamp=1610714781880, value=De Cervan-
tes y Saavedra
es001   column=autor:nombre, timestamp=1610715111148, value=Miguel
3 row(s) in 0.0360 seconds
```

5.2.2 Seleccionar N Familias De Columnas

Requerimiento:

- Mostrar la información correspondiente a *título, titulo original y autor* del libro *br001*

Sintaxis utilizada:

> **get** "<espacio_nominal:><tabla>", '<renglón>', {COLUMN=>['<fam_1>'...,
> '<fam_n>']}

Ejecución:

> hbase(main):002:0> **get** "biblioteca:libros", **'br001'**, {COLUMN=>**['autor',
> 'identificación']**}
>
> COLUMN   CELL
>
> **autor:**apellido   timestamp=1610948836645, value=Austen
>
> **autor:**nombre   timestamp=1610948835827, value=Jane
>
> **identificación:titulo** timestamp=1610948806206, value=Orgullo y Prejuicio
>
> **identificación:titulo_original** timestamp=1610948807550, value=Pride and
> Prejudice
>
> 4 row(s) in 0.0120 seconds

5.2.3 Seleccionar Una Columna En Particular

Requerimiento:

- Mostrar los países a los que corresponden las editoriales de los distintos libros

Sintaxis utilizada:

```
scan "<espacio_nominal:><tabla>", {COLUMNS=>['<familia:><columna>']}
```

Ejecución:

```
hbase(main):003:0> scan "biblioteca:libros", {COLUMNS=>['editorial:pais']}
ROW    COLUMN+CELL
al001   column=editorial:pais, timestamp=1610948857508, value=Espa
\xC3\xB1a
br001   column=editorial:pais, timestamp=1610948858767, value=M\xC3\
xA9xico
2 row(s) in 0.0200 seconds
```

5.2.4 Seleccionar Una Columna En Particular Con Formato

Requerimiento:

- Mostrar los países a los que corresponden las *editoriales* de los distintos libros y evitar que se muestren en formato hexadecimal

Sintaxis utilizada:

```
scan "<espacio_nominal:><tabla>", {COLUMNS=>['<familia:><columna><:for-
mateador>']}
```

Ejecución:

```
hbase(main):004:0> scan "biblioteca:libros", {COLUMNS=>['editorial:pais:toS-
tring']}
ROW    COLUMN+CELL
al001   column=editorial:pais, timestamp=1610948857508, value=España
br001   column=editorial:pais, timestamp=1610948858767, value=México
2 row(s) in 0.0140 seconds
```

Algunos formateadores predefinidos útiles:

- **toShort:** Da formato a la salida como entero corto
- **toInt:** Da formato a la salida como entero
- **toFloat:** Da formato a la salida como flotante
- **toString:** Da formato a la salida como string

5.2.5 Seleccionar N Columnas En Particular Una Con Formato

Requerimiento:

- Mostrar el *título actual* del libro y el *título original*
- Mostrar el *título original* con los caracteres correctos

Sintaxis utilizada:

```
scan "<espacio_nominal:><tabla>", {COLUMNS=>['<familia:><columna_01>'
…, '<familia:><columna_n><:formateador>']}
```

> **Nota:** *una vez que se especifica un formateador en una familia de columnas, es necesario especificar las columnas a visualizar de la misma, lleven o no un formateador también.*

Ejecución:

```
hbase(main):005:0> scan "biblioteca:libros", {COLUMNS=>['identificación:ti-
tulo', 'identificación:titulo_original:toString']}
ROW    COLUMN+CELL
```

al001   column=**identificación:titulo**, timestamp=1610948806114, value=La Metamorfosis

al001   column=**identificación:titulo_original**, timestamp=1610948806171, value=Die Weißen Blätter

br001   column=**identificación:titulo**, timestamp=1610948806206, value=Orgullo y Prejuicio

br001   column=**identificación:titulo_original**, timestamp=1610948807550, value=Pride and Prejudice

es001   column=**identificación:titulo**, timestamp=1610714302344, value=Don Quijote de la Mancha

es001   column=**identificación:titulo_original**, timestamp=1610714493488, value=Don Quijote de la Mancha

3 row(s) in 0.0260 seconds

5.2.6 Seleccionar Una Columna Y Una Familia De Columnas

Requerimiento:

- Seleccionar el *título* del libro y la información de *editorial* para el libro *es001*

Sintaxis utilizada:

get '<espacio_nominal:><tabla>', 'renglón', {COLUMN=>['**<familia:><columna_01>**' ..., '**<familia>**']}

Ejecución:

hbase(main):006:0> **get** 'biblioteca:libros', 'es001', {COLUMN=>['**identificación:titulo**', '**editorial**']}

COLUMN   CELL

editorial:continente   timestamp=1610870497313, value=Sudamerica

editorial:nombre   timestamp=1610870312151, value=Macondo

identificación:titulo timestamp=1610714302344, value=Don Quijote de la

Mancha

3 row(s) in 0.1020 seconds

6 EL SHELL DE HBASE: FILTRADO DE DATOS

El filtrado de datos nos permite elegir los elementos de información que queremos recuperar a partir de los comandos **get** y **scan**.

A lo largo de este capítulo, se mostrarán diversos tipos de búsquedas planteadas sobre los datos de nuestra biblioteca y la forma de resolverlas.

6.1 Filtrado De Datos

Sintaxis General:

```
scan '<espacio_nominal:><tabla>', {FILTER=>"cadenaFiltro"}
get '<espacio_nominal:><tabla>', <renglón>, {FILTER=>"cadenaFiltro"}
```

> **Nota:** Cuando la **cadenaFiltro** requiera un parámetro tipo cadena, esta debe especificarse con comillas simples, por tanto, debe delimitarse la **cadenaFiltro** por comillas dobles

6.2 Formas De Uso Del Filtrado De Datos

En este punto se muestran diversas formas de utilizar el filtrado de datos.

6.2.1 Mostrar Solo Nombre De Columnas

Requerimiento:

- Mostrar solo el nombre de los campos que conforman el renglón correspondiente al usuario número *uno*

Sintaxis utilizada:

get "<espacio_nominal:><tabla>", renglón, {FILTER=>"**KeyOnlyFilter()**"}

Descripción:

- **KeyOnlyFilter:** Muestra el nombre de las columnas mientras deja vacío el contenido de valor

Ejecución:

```
hbase(main):001:0> get "biblioteca:usuarios",1, {FILTER=>"KeyOnlyFilter()"}
COLUMN            CELL
contacto:email        timestamp=1610947774942, value=
contacto:tel         timestamp=1610947774985, value=
identificación:apeMat    timestamp=1610947753314, value=
identificación:apePat    timestamp=1610947753274, value=
identificación:nombre    timestamp=1610947753213, value=
5 row(s) in 0.0110 seconds
```

6.2.2 Mostrar Solo El Primer Elemento Del Conjunto De Llaves-Valor Seleccionado

Requerimiento:

- Mostrar solo el *título* de los libros de nuestra biblioteca
- Seleccionar la familia de columnas **identificación**
- Recuperar solo el *título* del libro, que en este caso es el primer elemento de la familia de columnas seleccionada

Sintaxis utilizada:

```
scan "<espacio_nominal:><tabla>", {COLUMNS=>['<familia>'],FILTER=>"First-
KeyOnlyFilter()"}
```

Descripción:

- **FirstKeyOnlyFilter:** Muestra la primera columna del conjunto de columnas seleccionado para el renglón

Ejecución:

```
hbase(main):002:0> scan "biblioteca:libros", {COLUMNS=>['identificación'],FIL-
TER=>"FirstKeyOnlyFilter()"}
ROW   COLUMN+CELL
al001  column=identificación:titulo, timestamp=1610948806114, value=La
Metamorfosis
br001  column=identificación:titulo, timestamp=1610948806206, value=Or-
gullo y Prejuicio
es001  column=identificación:titulo, timestamp=1610714302344, value=Don
Quijote de la Mancha
3 row(s) in 0.0200 seconds
```

6.2.3 Seleccionar Renglones Cuya Llave Del Renglón Cumpla Con Un Sufijo

Requerimiento:

- Mostrar la información de los libros cuya clave comience con la cadena *'es'*

Sintaxis utilizada:

scan "<espacio_nominal:><tabla>", {FILTER=>"**PrefixFilter(<prefijo_de_renglón>)**"}

Descripción:

- **PrefixFilter:** Muestra los renglones cuya *llave del renglón* comienza con el prefijo especificado

Ejecución:

hbase(main):003:0> **scan** "biblioteca:libros", {FILTER=>"**PrefixFilter('es')**"}

ROW   COLUMN+CELL

es001   column=autor:apellido, timestamp=1610714781880, value=De Cervantes y Saavedra

es001   column=autor:nombre, timestamp=1610715111148, value=Miguel

es001   column=editorial:continente, timestamp=1610870497313, value=Sudamerica

es001   column=editorial:nombre, timestamp=1610870312151, value=Macondo

es001   column=identificación:titulo, timestamp=1610714302344, value=Don Quijote de la Mancha

es001   column=identificación:titulo_original, timestamp=1610714493488, value=Don Quijote de la Mancha

1 row(s) in 0.0410 seconds

6.2.4 Mostrar Columnas Que Contengan Un Prefijo Determinado

Requerimiento:

- Mostrar el *nombre* del *autor* y el *nombre* de la *editorial* de todos los libros

Sintaxis utilizada:

```
scan "<espacio_nominal:><tabla>", {FILTER => "ColumnPrefixFilter('<pref_col>')"}
```

Descripción:

- **ColumnPrefixFilter:** Selecciona las columnas que contienen el prefijo especificado

Ejecución:

```
hbase(main):004:0> scan "biblioteca:libros", {FILTER => "ColumnPrefixFilter('n')"}
ROW     COLUMN+CELL
al001   column=autor:nombre, timestamp=1610948835738, value=Franz
al001   column=editorial:nombre, timestamp=1610948857169, value=Country
br001   column=autor:nombre, timestamp=1610948835827, value=Jane
br001   column=editorial:nombre, timestamp=1610948857543, value=Mundo
es001   column=autor:nombre, timestamp=1610715111148, value=Miguel
es001   column=editorial:nombre, timestamp=1610870312151, value=Macondo
3 row(s) in 0.0170 seconds
```

6.2.5 Mostrar Columnas Que Contengan A Alguno De Los Prefijos Especificados

Requerimiento:

- Mostrar las columnas: *contacto:email* e *identificación: nombre* del usuario número *3*

Sintaxis utilizada:

```
get "<espacio_nominal:><tabla>", <renglón>, {FILTER=>"MultipleColumnPre-
fixFilter('<pref_col_01>'..., '<pref_col_n>')"}
```

Descripción:

- **MultipleColumnPrefixFilter:** Selecciona las columnas que contienen a alguno de los prefijos especificados

Ejecución:

```
hbase(main):005:0> get "biblioteca:usuarios",3, {FILTER=>"MultipleColumn-
PrefixFilter('nom', 'em')"}
COLUMN            CELL
contacto:email        timestamp=1610947775156, value=Luis2020@mail.com
identificación:nombre  timestamp=1610947753503, value=Luis
2 row(s) in 0.0340 seconds
```

6.2.6 Mostrar Las Primeras N Columnas

Requerimiento:

- Mostrar el *email* y el *teléfono* del usuario número *2*

Sintaxis utilizada:

> get "<espacio_nominal:><tabla>", <renglón>, {FILTER=>"**ColumnCountGetFilter(<n_columnas>)**"}

Descripción:

- **ColumnCountGetFilter:** Muestra las primeras *n_columnas* del renglón

Ejecución:

> hbase(main):006:0> **get** "biblioteca:usuarios",2, {FILTER=>"**ColumnCountGetFilter(2)**"}
>
> COLUMN   CELL
>
> **contacto:email** timestamp=1610947775058, value=laura.reyes@correo.com
>
> **contacto:tel**   timestamp=1610947775093, value=442 342 1344
>
> 2 row(s) in 0.0080 seconds

6.2.7 Indicar El Tamaño De Página De Resultados

Requerimiento:

- Mostrar a los usuarios *1* y *2* de la tabla
- Mostrar el *email* y el *teléfono* de los usuarios obtenidos

Sintaxis utilizada:

> scan "<espacio_nominal:><tabla>", {FILTER=>"**PageFilter(<n_renglones>)** AND ColumnCountGetFilter(<n_columnas>)**"}

Descripción:

- **PageFilter:** Devuelve *n_renglones* número de renglones de la tabla
- **ColumnCountGetFilter:** Muestra las primeras *n_columnas* del renglón

Ejecución:

```
hbase(main):007:0> scan "biblioteca:usuarios", {FILTER=>"PageFilter(2) AND ColumnCountGetFilter(2)"}

ROW   COLUMN+CELL
 1  column=contacto:email, timestamp=1610947774942, value=julome@mail.com
 1  column=contacto:tel, timestamp=1610947774985, value=271 143 2353
 2  column=contacto:email, timestamp=1610947775058, value=laura.reyes-@correo.com
 2column=contacto:tel, timestamp=1610947775093, value=442 342 1344

2 row(s) in 0.0460 seconds
```

6.2.8 Establecer El Tamaño De Página A Nivel De Columnas Con Desplazamiento

Requerimiento:

- Obtener el *teléfono* y los *apellidos* del usuario número *2*

Sintaxis utilizada:

```
get " <espacio_nominal:><tabla>", <renglón>, {FILTER=>"ColumnPagination-Filter(<n_columnas>, <n_desplazamiento>)"}
```

Descripción:

- **ColumnPaginationFilter:** Muestra *n_columnas* columnas por renglón a partir de la columna *n_desplaza-*

miento

Ejecución:

```
hbase(main):008:0> get "biblioteca:usuarios",2, {FILTER=>"ColumnPagination-
Filter(3, 1)"}
COLUMN          CELL
 contacto:tel        timestamp=1610947775093, value=442 342 1344
 identificación:apeMat   timestamp=1610947753451, value=Mazo
 identificación:apePat   timestamp=1610947753411, value=Reyes
3 row(s) in 0.0070 seconds
```

6.2.9 Mostrar Todos Los Renglones Hasta El Renglón Tope Inclusive

Requerimiento:

- Mostrar el *titulo actual* y el *título original* de todos los libros hasta llegar al libro *br001*, el cual debe incluirse también.

Sintaxis utilizada:

```
scan "<espacio_nominal:><tabla>", {COLUMNS => [<columnas>], FILTER=>"In-
clusiveStopFilter(<renglón_donde_parar>)"}
```

Descripción:

- **InclusiveStopFilter**: Muestra todos los renglones hasta llegar al renglón que ha de funcionar como tope, el cual, se incluye también.

Ejecución:

hbase(main):009:0> **scan** "biblioteca:libros", {COLUMNS => ['identificación:titulo','identificación:titulo_original:toString'], FILTER=>"**InclusiveStopFilter ('br001')**"}

ROW   COLUMN+CELL

al001   column=identificación:titulo, timestamp=1610948806114, value=La Metamorfosis

al001   column=identificación:titulo_original, timestamp=1610948806171, value=Die Weißen Blätter

br001   column=identificación:titulo, timestamp=1610948806206, value=Orgullo y Prejuicio

br001   column=identificación:titulo_original, timestamp=1610948807550, value=Pride and Prejudice

2 row(s) in 0.0160 seconds

6.2.10 Seleccionar Columnas Por Timestamp

Requerimiento:

- Mostrar los *títulos* de los libros que coincidan con los siguientes *timestamps*: *1610948806114* y *1610948806206*

Sintaxis utilizada:

scan "biblioteca:libros", {FILTER=>"**TimestampsFilter(<timestamp_01>…, <timestamp_n>)**"}

Descripción:

- **TimestampsFilter**: Muestra las columnas cuyo *timestamp* coincide con alguno de los *timestamps* proporcionados

Ejecución:

hbase(main):010:0> **scan** "biblioteca:libros", {FILTER=>"**TimestampsFilter(1610948806114,1610948806206)**"}

ROW   COLUMN+CELL

al001 column=identificación:titulo, **timestamp=1610948806114**, value=La Metamorfosis

br001 column=identificación:titulo, **timestamp=1610948806206**, value=Orgullo y Prejuicio

2 row(s) in 0.0390 seconds

6.2.11   Seleccionar Renglones Por Comparador

Requerimiento:

- Seleccionar la información de autor de todos los libros hasta el libro *br001* inclusive

Sintaxis utilizada:

scan "<espacio_nominal:><tabla>", {COLUMNS=>'<columnas>',FILTER=>"**RowFilter(<operador>, <'comparador'>)**"}

Descripción:

- **RowFilter:** Devuelve los renglones cuya *llave del renglón* cumple con el operador y el comparador
- **Operadores:** <, <=, =, !=, >=, >
- **Comparadores:**
    - **binary:** *BinaryComparator* => Comparación al estilo de cadena
    - **binaryprefix:** *BinaryPrefixComparator* => Compara a nivel de sufijo
    - **regexstring:** *RegexStringComparator* => Compara contra la expresión regular proporcionada. Solo acepta los operadores igual (=) y no igual (!=).

    ◦ **substring:** *SubStringComparator* => Indica si se contiene la sub-cadena especificada. Solo acepta los operadores igual (=) y no igual (!=).

- **Detalles:** En este caso, se utiliza el operador **menor que** (<) y el comparador **binary** con la letra *c*, de manera tal, que se tomen los nombres considerados menores que esta letra; es decir, todos los que comienzan con *a* y todos los que comienzan con *b*, para esta tabla.

Ejecución:

```
hbase(main):011:0> scan "biblioteca:libros", {COLUMNS=>'autor',FILTER=>"Row-
Filter(<,'binary:c')"}
ROW    COLUMN+CELL
al001  column=autor:apellido, timestamp=1610948835784, value=Kafka
al001  column=autor:nombre, timestamp=1610948835738, value=Franz
br001  column=autor:apellido, timestamp=1610948836645, value=Austen
br001  column=autor:nombre, timestamp=1610948835827, value=Jane
2 row(s) in 0.0340 seconds
```

6.2.12 Seleccionar Familias De Columnas Por Comparador

Requerimiento:

- Mostrar los datos de autor y de editorial del libro *br001*

Sintaxis utilizada:

```
get "<espacio_nominal:><tabla>", <renglón>, {FILTER=>"FamilyFilter(<opera-
dor>, <'comparador'>)"}
```

Descripción:

JOSÉ EDGARDO MORALES BARROSO

- **FamilyFilter:** Devuelve las familias de columnas cuyo nombre cumple con el operador y el comparador
- **Operadores:** <, <=, =, !=, >=, >
- **Comparadores:**
  - **binary:** *BinaryComparator* => Comparación al estilo de cadena
  - **binaryprefix:** *BinaryPrefixComparator* => Compara a nivel de sufijo
  - **regexstring:** *RegexStringComparator* => Compara contra la expresión regular proporcionada. Solo acepta los operadores igual (=) y no igual (!=).
  - **substring:** *SubStringComparator* => Indica si se contiene la sub-cadena especificada. Solo acepta los operadores igual (=) y no igual (!=).
- **Detalles:** En este caso se utiliza el operador *igual a* (=) y el comparador *substring* con la cadena *tor*, de tal manera que, se nos devuelva las familias que la contengan: *autor* y *editorial* para esta tabla.

Ejecución:

```
hbase(main):012:0> get "biblioteca:libros", "br001", {FILTER=>"FamilyFilter(=, 'substring:tor')"}
COLUMN          CELL
autor:apellido    timestamp=1610948836645, value=Austen
autor:nombre      timestamp=1610948835827, value=Jane
editorial:nombre  timestamp=1610948857543, value=Mundo
editorial:pais    timestamp=1610948858767, value=M\xC3\xA9xico
4 row(s) in 0.0110 seconds
```

6.2.13 Selección De Calificador Por Comparador

Requerimiento:

- Mostrar *nombre* del *autor*
- Mostrar *nombre* de la *editorial*
- Mostrar el *título* del libro

Sintaxis utilizada:

```
get "<espacio_nominal:><tabla>", <renglón>, {FILTER=>"QualifierFilter(<ope-
rador>, <'comparador'>)"}
```

Descripción:

- **QualifierFilter:** Muestra en cada renglón las columnas que coinciden con el operador y el comparador
- **Operadores:** <, <=, =, !=, >=, >
- **Comparadores:**
    - **binary:** *BinaryComparator* => Comparación al estilo de cadena
    - **binaryprefix:** *BinaryPrefixComparator* => Compara a nivel de sufijo
    - **regexstring:** *RegexStringComparator* => Compara contra la expresión regular proporcionada. Solo acepta los operadores igual (=) y no igual (!=).
    - **substring:** *SubStringComparator* => Indica si se contiene la sub-cadena especificada. Solo acepta los operadores igual (=) y no igual (!=).
- **Detalles:** En este caso se utiliza un comparador tipo expresión regular, donde se solicita cualquier columna que contenga la cadena *nom* y cualquier columna que termine con la cadena *lo*, en este caso: *nombre* tanto de *editorial* como de *autor* y el *título* del libro.

Ejecución:

```
hbase(main):014:0> get "biblioteca:libros", "br001", {FILTER=>"QualifierFilter(=,
'regexstring:nom|lo$')"}
```

47

COLUMN	CELL
autor:nombre	timestamp=1610948835827, value=Jane
editorial:nombre	timestamp=1610948857543, value=Mundo
identificación:titulo	timestamp=1610948806206, value=Orgullo y Prejuicio

3 row(s) in 0.0100 seconds

6.2.14 Selección De Valores Por Comparador

Requerimiento:

- Mostrar las direcciones de correo electrónico de los usuarios, cuyo proveedor sea *mail.com*

Sintaxis utilizada:

```
scan "<espacio_nominal:><tabla>", {FILTER=>"ValueFilter(<operador>, <'comparador'>)"}
```

Descripción:

- **QualifierFilter:** Muestra en cada renglón las columnas que coinciden con el operador y el comparador
- **Operadores:** <, <=, =, !=, >=, >
- **Comparadores:**
    ○ **binary:** *BinaryComparator* => Comparación al estilo de cadena
    ○ **binaryprefix:** *BinaryPrefixComparator* => Compara a nivel de sufijo
    ○ **regexstring:** *RegexStringComparator* => Compara contra la expresión regular proporcionada. Solo acepta los operadores igual (=) y no igual (!=).
    ○ **substring:** *SubStringComparator* => Indica si se contiene la sub-cadena especificada. Solo

acepta los operadores igual (=) y no igual (!=).

- **Detalles:** En este caso se utiliza un comparador tipo sub-cadena para el contenido *@mail*

Ejecución:

```
hbase(main):015:0> scan "biblioteca:usuarios", {FILTER=>"ValueFilter(=, 'substring:@mail')"}
ROW               COLUMN+CELL
1  column=contacto:email, timestamp=1610947774942, value=julome@ mail.com
3  column=contacto:email, timestamp=1610947775156, value=Luis2020@ mail.com
30 column=contacto:email, timestamp=1610999774622, value=camil@ mail.com
3 row(s) in 0.0280 seconds
```

6.2.15 Seleccionar Los Renglones Que Contienen Determinada Columna

Requerimiento:

- Mostrar los libros que pertenecen a una *editorial* continental.
- Mostrar también las columnas que hayan sido actualizadas al mismo tiempo que la columna *continente*, para identificar que cambios informativos implicó el cambio de la *editorial* de local a continental.

Sintaxis utilizada:

```
scan "<espacio_nominal:><tabla>", {FILTER=>"DependentColumnFilter('familia','columna')"}
```

Descripción:

- **DependentColumnFilter:** Hace un filtro dependiente de la columna. Muestra los renglones que contienen la columna especificada por medio del operador y el comparador. Muestra también las columnas que coinciden con el *timestamp* de la columna de búsqueda

Ejecución:

hbase(main):016:0> **scan** "biblioteca:libros", {FILTER=>"**DependentColumnFilter('editorial','continente')**"}

ROW   COLUMN+CELL

es001   **column=editorial:continente**, **timestamp=1610870497313**, value= Sudamerica

es001   column=editorial:nombre, **timestamp=1610870497313**, value=Macondo

es001   column=identificación:titulo, **timestamp=1610870497313**, value=Don Quijote de la Mancha

1 row(s) in 0.0450 seconds

6.2.16 Incluir Renglones Cuyo Valor De Columna Seleccionada Cumple Con Un Comparador

Requerimiento 01:

- Mostrar la información de editorial para todos los libros de editorial local a su país.
- Mostrar la información de editorial de aquellos libros de editorial continental, solo si es de *Sudamérica*.

Sintaxis utilizada:

```
scan "<espacio_nominal:><tabla>", {COLUMNS => '<columnas>',FILTER=>"Sin-
gleColumnValueFilter('<familia>', '<columna>', <operador>,'comparador')"}
```

Descripción:

- **SingleColumnValueFilter:** Muestra todos los renglones que no contienen la columna indicada. Muestra el renglón que contiene la columna indicada solo si cumple con el comparador.

Ejecución:

```
hbase(main):017:0> scan "biblioteca:libros", {COLUMNS => 'editorial',FILTER=>"
SingleColumnValueFilter('editorial', 'continente', >=,'binary:S')"}
ROW    COLUMN+CELL
al001  column=editorial:nombre, timestamp=1610948857169, value=Country
al001  column=editorial:pais, timestamp=1610948857508, value=Espa
\xC3\xB1a
br001  column=editorial:nombre, timestamp=1610948857543, value=Mundo
br001  column=editorial:pais, timestamp=1610948858767, value=M\xC3\xA9
xico
es001  column=editorial:continente, timestamp=1610870497313, value=
Sudamerica
es001  column=editorial:nombre, timestamp=1610870312151, value=Macondo
3 row(s) in 0.0240 seconds
```

Requerimiento 02:

- Únicamente mostrar la información de *editorial* de aquellos libros de *editorial* continental, solo si es de *Sudamérica*.

Sintaxis utilizada:

```
scan "<espacio_nominal:><tabla>", {COLUMNS => '<columnas>', FILTER=>"Sin-
```

51

```
gleColumnValueFilter('<familia>', '<columna>', <operador>,'comparador',
'<no_columna_no_mostrar>', '<última_versión>')"}
```

Descripción:

- **SingleColumnValueFilter:** Muestra el renglón que contiene la columna indicada solo si cumple con el comparador. Normalmente muestra todos los renglones que no contienen la columna indicada, sin embargo, si se asigna a *true* el parámetro *no_columna_no_mostrar* no las mostrará. El parámetro *última_versión*, si se asigna a *true*, nos devuelve el valor con el *timestamp* más reciente

Ejecución:

```
hbase(main):018:0> scan "biblioteca:libros", {COLUMNS => 'editorial',FILTER=>"
SingleColumnValueFilter('editorial', 'continente', >=,'binary:S',true,true)"}
ROW    COLUMN+CELL
es001  column=editorial:continente, timestamp=1610870497313, value=
Sudamerica
es001  column=editorial:nombre, timestamp=1610870312151, value=Ma-
condo
1 row(s) in 0.0120 seconds
```

Requerimiento 03:

- Únicamente mostrar el nombre de la *editorial* de aquellos libros de *editorial* continental, solo si es de *Sudamérica*.

Sintaxis utilizada:

```
scan "<espacio_nominal:><tabla>", {COLUMNS => '<columnas>', FILTER=>" Sin-
gleColumnValueExcludeFilter('<familia>', '<columna>', <operador>,'compa-
rador', '<no_columna_no_mostrar>', '<última_versión>')"}
```

Descripción:

- **SingleColumnValueExcludeFilter:** Muestra el renglón que contiene la columna indicada solo si cumple con el comparador; aunque esta columna se excluye. Normalmente muestra todos los renglones que no contienen la columna indicada, sin embargo, si se asigna a *true* el parámetro *no_columna_no_mostrar* no las mostrará. El parámetro *última_versión*, si se asigna a *true*, nos devuelve el valor con el *timestamp* más reciente.

Ejecución:

```
hbase(main):019:0> scan "biblioteca:libros", {COLUMNS => 'editorial',FIL-
TER=>"SingleColumnValueExcludeFilter('editorial', 'continente',
>=,'binary:A',true,true)"}
ROW    COLUMN+CELL
es001  column=editorial:nombre, timestamp=1610870312151, value=Macondo
1 row(s) in 0.0300 seconds
```

6.2.17 Mostrar Las Columnas Cuyos Nombres Se Encuentran Dentro De Un Rango

Requerimiento:

- Mostrar el nombre de la editorial para todos los libros.

Sintaxis utilizada:

```
scan "<espacio_nominal:><tabla>", {COLUMNS => 'editorial',FILTER=>"Column-
RangeFilter('<minNomCol>', <incluirMaxNomColumna>, '<maxNomCol>',
<incluirMaxNomColumna>)"}
```

Descripción:

- **ColumnRangeFilter:** Muestra las columnas cuyos nombres se encuentren dentro del rango establecido.

Ejecución:

```
hbase(main):020:0> scan "biblioteca:libros", {COLUMNS => 'editorial',FILTER=>"
ColumnRangeFilter('d', true, 'p',true)"}
ROW    COLUMN+CELL
al001  column=editorial:nombre, timestamp=1610948857169, value=Country
br001  column=editorial:nombre, timestamp=1610948857543, value=Mundo
es001  column=editorial:nombre, timestamp=1610870312151, value=Macondo
3 row(s) in 0.0150 seconds
```

6.2.18 Mostrar Renglones Por Prefijo Y Uso De Más De Un Filtro

Requerimiento 01:

- Mostrar aquellos libros cuya clave tenga, ya sea el prefijo *al* o el prefijo *br*

Sintaxis utilizada:

```
scan "<espacio_nominal:><tabla>", {COLUMNS => '<columnas>', FILTER=>"Pre-
fixFilter('<prefijo>') <OPERADOR> PrefixFilter('<prefijo>')"}
scan "<espacio_nominal:><tabla>", {COLUMNS => '<columnas>', FILTER=>"<Fil-
tro> <OPERADOR> <Filtro>"}
```

Descripción:

- **PrefixFilter:** Muestra los renglones cuyo *identificador*

de renglón contiene el prefijo especificado.

- Operadores:
    - ◦ **AND:** Se cumple si ambos filtros se cumplen
    - ◦ **OR:** Se cumple si al menos un filtro se cumple
    - ◦ **SKIP:** Se salta el renglón si no se cumple con el filtro
    - ◦ **WHILE:** Se emiten columnas mientras se cumplen con el filtro para el renglón actual

Ejecución:

hbase(main):021:0> **scan** "biblioteca:libros", {COLUMNS => 'editorial',FILTER=>" **PrefixFilter ('al') OR PrefixFilter ('br')"}**

ROW   COLUMN+CELL

al001   column=editorial:nombre, timestamp=1610948857169, value=Country

al001   column=editorial:pais, timestamp=1610948857508, value=Espa \xC3\xB1a

br001   column=editorial:nombre, timestamp=1610948857543, value=Mundo

br001   column=editorial:pais, timestamp=1610948858767, value=M\xC3\xA9 xico

2 row(s) in 0.0160 seconds

Requerimiento 02:

- Mostrar aquellos libros cuya clave tenga, ya sea el prefijo *a* o el prefijo *b*
- Mostrar las columnas mientras comiencen con *a* o terminen con *e*

Sintaxis utilizada:

scan "<espacio_nominal:><tabla>", {FILTER=>"**PrefixFilter('<prefijo>') <OPE-RADOR> PrefixFilter('<prefijo>')"}**

scan "<espacio_nominal:><tabla>", {FILTER=>"**<Filtro> <OPERADOR> <Filtro>"}**

Ejecución:

```
hbase(main):022:0> scan "biblioteca:libros", {FILTER=>"PrefixFilter ('a') AND
WHILE QualifierFilter(=, 'regexstring:^a|e$') OR PrefixFilter ('b') AND
WHILE QualifierFilter(=, 'regexstring:^a|e$')"}
ROW    COLUMN+CELL
al001   column=autor:apellido, timestamp=1610948835784, value=Kafka
al001   column=autor:nombre, timestamp=1610948835738, value=Franz
al001   column=editorial:nombre, timestamp=1610948857169, value=Country
br001   column=autor:apellido, timestamp=1610948836645, value=Austen
br001   column=autor:nombre, timestamp=1610948835827, value=Jane
br001   column=editorial:nombre, timestamp=1610948857543, value=Mundo
2 row(s) in 0.0920 seconds
```

Requerimiento 03:

- Mostrar aquellos libros cuya clave tenga, ya sea el prefijo *a* o el prefijo *b*
- Mostrar los libros cuyo *autor* no sea *Kafka*

Sintaxis utilizada:

```
scan "<espacio_nominal:><tabla>", {FILTER=>"PrefixFilter('<prefijo>') <OPE-
RADOR> PrefixFilter('<prefijo>')"}
scan "<espacio_nominal:><tabla>", {FILTER=>"<Filtro> <OPERADOR>
<Filtro>"}
```

Ejecución:

```
hbase(main):023:0> scan "biblioteca:libros", {FILTER=>"(PrefixFilter ('a') OR
PrefixFilter ('b')) AND (SKIP ValueFilter(!=, 'binary:Kafka'))"}
ROW    COLUMN+CELL
br001   column=autor:apellido, timestamp=1610948836645, value=Austen
br001   column=autor:nombre, timestamp=1610948835827, value=Jane
```

br001 column=editorial:nombre, timestamp=1610948857543, value=Mundo

br001 column=editorial:pais, timestamp=1610948858767, value=M\xC3\xA9 xico

br001 column=identificación:titulo, timestamp=1610948806206, value=Orgu-llo y Prejuicio

br001 column=identificación:titulo_original, timestamp=1610948807550, va-lue=Pride and Prejudice

1 row(s) in 0.1390 seconds

7 SCRIPTS: EXTENDIENDO LOS COMANDOS ESTÁNDAR

Como ya se ha mencionado anteriormente, el *Shell* de *HBase* es en realidad un *Shell Interactivo* de *Ruby*, en particular de *JRuby*, con los comandos de *HBase* agregados; por tanto, los *scripts* deberían ser escritos en *Ruby*.

Una de las primeras actividades que podemos realizar por medio de la escritura de *Scripts*, es incrementar el poder de nuestro *Shell* agregando nuevos comandos que nos resulten de utilidad.

Los nuevos comandos que se han de crear, se escribirán como parte de un modulo al que llamaremos: *GeneralHBase*.

Una vez que tengamos creado el archivo de nuestro módulo de nuevos comandos, ya lo podremos utilizar en otros clústeres de

HBase o compartirlo con nuestros colegas para que también puedan beneficiarse del mismo.

7.1 Crear Y Utilizar El Módulo De Nuevos Comandos

Procedemos a la creación de nuestro módulo de nuevos comandos, el cual estará contenido dentro de un archivo que nombraremos como *GeneralHBase.rb*

7.1.1 Abrir Y Cerrar El Módulo

Primero abrimos y cerramos el módulo dentro de nuestro archivo contenedor. El nombre del módulo será el mismo que el del archivo, solo para que sea identificable desde antes de que se abra, ya que no hay ninguna regla que lo exija:

```
module GeneralRubyHBase

end
```

7.1.2 Escribir El Primer Nuevo Método

Nuestro primer método, será, como no podría ser de otra manera, un método capaz de escribir el mensaje: "Hola Mundo":

```
def holaMundo
    puts "Hola Mundo"
end
```

Este método al igual que todos los otros nuevos que se estarán creando, deberá quedar entre la línea que nombra al módulo y el *end* que indica su término:

```
module GeneralRubyHBase
def holaMundo
    puts "Hola Mundo"
end
end
```

7.1.3 Cargar El Módulo De Nuevos Comandos En El Shell De Hbase

Para cargar el módulo de nuevos comandos se utiliza la siguiente instrucción desde la línea de comandos del sistema operativo:

```
$ hbase shell GeneralRubyHBase.rb
```

7.1.4 Incorporar Los Nuevos Métodos Al Shell De Hbase

Para incorporar los nuevos métodos a nuestro Shell de HBase, con la finalidad de que puedan ser utilizados a la par de los ya existentes, se utiliza el comando *include* dentro de nuestro entorno interactivo:

Sintaxis:

```
include modulo
```

Ejecución:

```
hbase(main):001:0> include GeneralRubyHBase
=> Object
```

7.1.5 Utilizar Los Nuevos Comandos

Para utilizar los nuevos comandos, basta con invocarlos de la forma en que lo haríamos con cualquier otro comando HBase o Ruby dentro del Shell:

```
hbase(main):002:0> holaMundo
Hola Mundo
```

7.2 Crear Otros Nuevos Comandos

En este punto se crearán diversos nuevos comandos que podrían ser de utilidad en nuestro trabajo diario y para conocer más a fondo la forma de codificarlos.

7.2.1 Describir Las Tablas Que Coincidan Con Nuestro Filtro

Consideraciones:

- Comando *list*:
    - ◦ Nos muestra un texto que nos indica el nombre de las tablas presentes en nuestro HBase de acuerdo al filtro proporcionado en caso de existir alguno o todos en caso contrario.
    - ◦ Nos devuelve un arreglo con los nombres de las tablas.
- Comando *describe*:
    - ◦ Nos muestra la descripción de una tabla

Código:

```
def describeTablas parFiltro = ".*"
    tablas = list parFiltro
    tablas.each do |tabla|
        puts "----------- DESCRIBIENDO #{tabla} --------------"
        describe tabla
        puts "----------------------------------------------"
    end
end
```

Detalles:

- Se utiliza un argumento por default, que es una expresión regular que indica cualquier nombre de tabla (cualquier cadena de cualquier tamaño)
- Se obtiene la lista de tablas desde el comando *list*
- Se recorre la lista de tablas y por cada tabla se ejecuta el comando describe

Ejecución:

```
hbase(main):005:0> describeTablas
TABLE
```

biblioteca:libros

biblioteca:usuarios

2 row(s) in 0.0510 seconds

----------- DESCRIBIENDO biblioteca:libros --------------

Table biblioteca:libros is ENABLED

biblioteca:libros

COLUMN FAMILIES DESCRIPTION

{NAME => 'autor', ..., BLOCKCACHE => 'true'}

{NAME => 'editorial', ..., BLOCKCACHE => 'true'}

{NAME => 'identificación', ..., BLOCKCACHE => 'true'}

3 row(s) in 0.1250 seconds

----------- DESCRIBIENDO biblioteca:usuarios --------------

Table biblioteca:usuarios is ENABLED

biblioteca:usuarios

COLUMN FAMILIES DESCRIPTION

{NAME => 'contacto', ..., BLOCKCACHE => 'true'}

{NAME => 'identificación', ..., BLOCKCACHE => 'true'}

2 row(s) in 0.0800 seconds

=> ["biblioteca:libros", "biblioteca:usuarios"]

7.2.2 Desactivar-Reactivar La Salida A Pantalla

Como se pudo notar en la ejecución del nuevo comando *describeTablas*, el comando pre-existente *list* que utilizamos para obtener la lista de tablas a describir, no solo nos devuelve sus nombres, sino que también emite su propia salida informativa, lo cual, no es siempre deseable; por tanto, deberíamos escribir un comando que desactive la salida estándar (*stdout*) y otro que la reactive.

Consideraciones:

- **$stdout:** Variable global que identifica a la salida estándar
- **/dev/null**: El dispositivo o periférico nulo en *Unix* y *Unix-Like*; **nul** en *Windows*

Código:

```
# Desactiva la Salida Estándar
def desactivaStdOut
    antStd = $stdout.clone
    $stdout.reopen(File.new("/dev/null", "w"))
    antStd
end

# Reactiva la Salida Estándar
def reactivaStdOut parAntStd
    $stdout.reopen(parAntStd)
    nil
end
```

Detalles:

- **desactivaStdOut:**
  - Se guarda el valor original del archivo de la sa-

lida estándar
  ◦ Se redirecciona hacia el dispositivo nulo
  ◦ Devuelve el valor original de la salida están-
    dar para poder restaurarla cuando se requiera
• **reactivaStdOut**:
  ◦ Toma como argumento la dirección original
    de la salida estándar
  ◦ Reabre la salida estándar
  ◦ No es necesario devolver un valor usable, ya
    que *$stdout* es una variable global

Ejecución:

```
hbase(main):001:0> puts "Hay salida estándar"
Hay salida estándar
hbase(main):002:0> antStdOut = desactivaStdOut
hbase(main):003:0> puts "Hay salida estándar"
hbase(main):004:0> reactivaStdOut antStdOut
hbase(main):005:0> puts "Hay salida estándar"
Hay salida estándar
```

7.2.3 Capturar-Liberar La Salida A Pantalla

Existen comandos pre-existentes que solo devuelven un texto informativo, sin devolver un resultado. Esto es muy útil para conocer de manera interactiva la información solicitada, pero a nivel
de *Script* no resulta de mucha utilidad para decidir que hacer con
dicha información; por tanto, se hace necesario crear los comandos que permitan, tanto capturar la salida a pantalla como libe-
rarla para que todo continúe de la manera habitual.

JOSÉ EDGARDO MORALES BARROSO

Consideraciones:

- **$stdout:** Variable global que identifica a la salida están-dar
- **STDOUT:** Constante que identifica la salida estándar
- **StringIO:** Pseudo *I/O* en un objeto de cadena. Debe cargarse con el comando *requiere* en el Shell de HBase

Código:

```
# Captura la salida estándar
def capturaStdOut
    require "stringio"
    $stdout = StringIO.new
end

# Libera la salida estándar
def liberaStdOut
    $stdout = STDOUT
end
```

Detalles:

- **capturaStdOut:**
  - Se carga el *StringIO*
  - Se asigna un nuevo objeto *StringIO* a la salida estándar
- **liberaStdOut:**
  - Se asigna la constante *STDOUT* a la variable globlas *$stdout*

Ejecución:

hbase(main):001:0> **capturaStdOut**

hbase(main):002:0> puts "Cadena 01"

hbase(main):003:0> puts "Cadena 02"

hbase(main):004:0> puts "Cadena 03"

hbase(main):005:0> cadenas = $stdout.string

hbase(main):006:0> **liberaStdOut**

hbase(main):007:0> puts cadenas

Cadena 01

Cadena 02

Cadena 03

=> "Cadena 01\nCadena 02\nCadena 03\n"

7.2.4 Lista De Tablas Silente

Consideraciones:

- Comando *list*:
  - Nos muestra un texto que nos indica el nombre de las tablas presentes en nuestro **HBase,** de acuerdo al filtro proporcionado en caso de existir alguno o todos en caso contrario.

Código:

```
def getListaTablas parFiltro = ".*"
    antStd = desactivaStdOut
    lista = list parFiltro
    reactivaStdOut antStd
    lista
end
```

Detalles:

- Se desactiva la salida estándar
- Se obtiene la lista de tablas con el filtro proporcionado, por default todas
- Se reactiva la salida estándar
- Se devuelve la lista de tablas

Ejecución:

```
hbase(main):001:0> tablas = getListaTablas
=> ["biblioteca:libros", "biblioteca:usuarios"]
hbase(main):002:0> tablas.each do |tabla| puts tabla end
biblioteca:libros
biblioteca:usuarios
=> ["biblioteca:libros", "biblioteca:usuarios"]
```

7.2.5 Devuelve Si Existe Un Espacio Nominal

Actualmente no tenemos un comando que nos devuelva si existe un espacio nominal o no; lo más parecido que tenemos es el comando *list_namespace*, el cual nos muestra un texto con la lista de todos los espacios nominales que tenemos o solo aquellos que coinciden con la expresión regular que puede tomar como argumento. Por tanto, crearemos este comando nosotros mismos.

Consideraciones:

- **list_namespace:** Lista los espacios nominales existentes o solo aquellos que coincidan con la expresión regular si esta se proporciona. No devuelve la lista de espacios nominales, solo devuelve *nil*

Código:

```
def existeEspacioNominal parEspacioNominal
    capturaStdOut
    list_namespace parEspacioNominal
    existe = true
    if $stdout.string.split("\n")[1]["0 row"] != nil then
        existe = false
    end
    liberaStdOut
    existe
end
```

Detalles:

- Se captura la salida estándar para poder utilizar su contenido.
- Se recupera la lista de espacios nominales que coincidan con la expresión regular o el nombre dentro del parámetro *parEspacioNominal*
- Si la cadena *"0 row"* existe en el segundo renglón (índice 1, en el rango de 0 a n), el espacio a checar no existe.
- Se libera la salida estándar
- Se devuelve si existe o no el espacio nominal que se está verificando

Ejecución:

```
hbase(main):001:0> existeEspacioNominal "biblioteca"
=> true
hbase(main):002:0> existeEspacioNominal "cafeteria"
=> false
```

69

7.2.6 Devuelve Si Un Espacio Nominal Se Encuentra Vacío

Actualmente el comando que nos ayuda a saber si un espacio nominal tiene tablas asignadas o no, es el comando *list_namespace_tables*, sin embargo, al igual que otros comandos del Shell de HBase, solamente despliega los resultados, pero no los devuelve, de tal manera que se pueda decidir qué hacer posteriormente. Por tanto, se creará un nuevo comando que nos permita conocer si un espacio nominal tiene tablas asociadas o no.

Consideraciones:

- **list_namespace_tables**: Muestra la lista las tablas asociadas al espacio nominal especificado como argumento. No devuelve la lista, solo devuelve *nil*

Código:

```
def espacioNominalVacio parEspacioNominal
  capturaStdOut
  list_namespace_tables parEspacioNominal
  vacio = false
  if $stdout.string.split("\n")[1]["0 row"] != nil then
    vacio = true
  end
  liberaStdOut
  vacio
```

end

Detalles:

- Se captura la salida estándar para poder utilizar su contenido
- Se recupera la lista de tablas del espacio nominal
- Si la cadena *"0 row"* existe en el segundo renglón (índice 1, en el rango de 0 a n), el espacio nominal no contiene tablas
- Se libera la salida estándar
- Se devuelve si el espacio nominal está vacío o no

Ejecución:

```
hbase(main):001:0> espacioNominalVacio 'default'
=> true
hbase(main):002:0> espacioNominalVacio 'biblioteca'
=> false
```

7.2.7 Cuenta Renglones En Todas Las Tablas

Consideraciones:

- Comando *count*:
  - Nos muestra un texto indicando el número de renglones en la tabla.
  - Nos devuelve el número de renglones en la tabla

Código:

```
def muestraNumRengTablas parFiltro = ".*"
  tablas = getListaTablas parFiltro
```

71

```
tablas.each do |tabla|
    puts "--------- Tabla actual: #{tabla} --------"
    count tabla
end
end
```

Detalles:

- Se toma la lista de tablas por medio de nuestro método silente *getListaTablas*
- Se recorre la lista de tablas
- Por cada tabla se llama el comando *count*

Ejecución:

hbase(main):016:0> muestraNumRengTablas

--------- Tabla actual: biblioteca:libros --------

3 row(s) in 0.0140 seconds

--------- Tabla actual: biblioteca:usuarios --------

4 row(s) in 0.0100 seconds

=> ["biblioteca:libros", "biblioteca:usuarios"]

7.2.8   Devuelve Si Existe Una Tabla

El comando que usualmente se utiliza para verificar la existencia de una tabla desde el *Shell* de *HBase* es *exists*; sin embargo, éste no nos devuelve ningún valor que nos permita decidir qué hacer a nivel de *Script*, ya que solo informa nivel de pantalla.

Por tanto, se hace necesario tener un comando que nos permita decidir que hacer de acuerdo a la existencia o no existencia de alguna tabla de nuestro interés.

Consideraciones:

- Comando *exists*: Despliega un texto informativo que indica si existe o no una tabla; en ambos casos devuelve *nil*
- Comando *get_table*: Toma un nombre de tabla y lo devuelve como un objeto de tabla (Table), pero no verifica la existencia de la tabla dentro de *HBase* al momento, solo se verifica cuando se utiliza alguno de los métodos del nuevo objeto que realmente necesita interactuar con la tabla; en tal caso, si la tabla no existe, se devuelve una excepción
- Método *get_all_columns*: Método del objeto tabla que devuelve un arreglo con los nombres de las familias de columnas existentes en la tabla. En caso de no existir la tabla, devuelve la excepción: *org.apache.hadoop.hbase.TableNotFoundException*

Código:

```
def existeTabla parTabla
    tabla = get_table parTabla
    begin
        tabla.get_all_columns
    rescue org.apache.hadoop.hbase.TableNotFoundException
        false
    else
        true
```

```
        end
    end
```

Detalles:

- Se obtiene el objeto de la tabla
- Se invoca al método *get_all_columns*; el cual, intenta comunicarse con la tabla subyacente para obtener los nombres de las familias de columnas
- Si no existe la tabla a la que hace referencia, se *cacha* la excepción y se devuelve *false*
- En caso contrario, si la tabla existe, se devuelve *true*

Ejecución:

```
hbase(main):001:0> list
TABLE
biblioteca:libros
biblioteca:usuarios
2 row(s) in 0.0120 seconds

=> ["biblioteca:libros", "biblioteca:usuarios"]
hbase(main):002:0> existeTabla "tablita"
0 row(s) in 0.0010 seconds

=> false
hbase(main):003:0> existeTabla "biblioteca:usuarios"
0 row(s) in 0.0080 seconds

=> true
```

8 SCRIPTS: NUEVOS COMANDOS DE SOPORTE A DESARROLLO DE GUIONES

En este capítulo, se crearán diversos comandos que pueden ser de utilidad en la escritura de los diversos *Scripts* que estaremos desarrollando.

Se recomienda agregar estos nuevos comandos a nuestro archivo: *GeneralRubyHBase.rb*

8.1 Crear Y Utilizar Nuestro Primer Script

Procedemos a la creación de nuestro primer *Script*, el cual, deberá escribirse dentro de un archivo de texto, el cual se sugiere que se llame *holaMundo.rb*.

8.1.1 Incorporar El Módulo De Nuevos Comandos

Lo primero que debemos hacer, es incorporar nuestro módulo de nuevos comandos; el cual, hemos creado en el capítulo anterior bajo el nombre de *GeneralHBase.rb*

Consideraciones:

- **$LOAD_PATH:** Variable global que contiene las rutas de carga de las bibliotecas
- **require:** Indica que se va a hacer uso de un archivo externo. Requiere comillas en el nombre del archivo sin extensión
- **include:** Hace disponible los métodos de un módulo dentro del código donde se invoque. No requieren comillas en el nombre del módulo

Código:

```
$LOAD_PATH << "."
require "GeneralRubyHBase"
include GeneralRubyHBase
```

Detalles:

- En la variable global *$LOAD_PATH*, se indica el directorio actual por medio del punto "."
- *requiere:* Carga el archivo *GeneralRubyHBase.rb*
- *include* Incrusta los métodos del módulo *GeneralRubyHBase*

8.1.2 Hacer Uso De Alguno De Los Nuevos Comandos En El Script

Una vez que ya está incorporado el módulo con los nuevos comandos, podemos utilizar uno o más de estos. En este caso, ocuparemos el comando *holaMundo*, el cual se ha creado en la sección anterior para desplegar un mensaje de *"Hola Mundo"*.

Para nuestro primer Script, desplegaremos el mensaje **"Hola Mundo"** las *n* veces que se nos indique desde la línea de comandos.

Consideraciones:

  • **ARGV:** Arreglo que contiene la lista de argumentos provenientes de la lista de comandos; el primero es el elemento *0*
  • **exit:** Nos permite salir del *Shell* con un estatus determinado
  • **to_i:** Devuelve un número entero si la cadena contiene un número o el número *0* en caso contrario

Código:

```
nVeces = (n=ARGV[0].to_i)==0 ? 1 : n

for i in 1..nVeces
    printf("#{i}: ")
    holaMundo
end
```

```
exit 0
```

Detalles:

- Se toma el número de veces que requerimos que se imprima el mensaje desde la lista de argumentos de la línea de comandos
- Se ejecuta un ciclo con el número de veces deseado
- Se invoca el comando holaMundo desde el ciclo
- Se sale del Script con un *estado 0*. Tradicionalmente *0 errores*.

8.1.3 El Primer Script Completo

El Script completo quedaría de la siguiente forma:

```
$LOAD_PATH << "."
require "GeneralRubyHBase"
include GeneralRubyHBase

nVeces = (n=ARGV[0].to_i)==0 ? 1 : n

for i in 1..nVeces
    printf("#{i}: ")
    holaMundo
end

exit 0
```

8.1.4 Ejecución Del Primer Script

La invocación de los Scripts que escribamos se hace desde la línea de comandos por medio de la siguiente sintaxis, donde **-n** indica que el Shell de HBase se utilizara en modo no interactivo:

```
$ hbase shell -n <archivoDelScript> <argumentosDelScript>
```

Ejecución:

- Ejecución para imprimir *4* veces el mensaje *"Hola Mundo"*:

```
$ hbase shell -n holaMundo.rb 4
1: Hola Mundo
2: Hola Mundo
3: Hola Mundo
4: Hola Mundo
```

- Ejecución para imprimir *1* vez el mensaje *"Hola Mundo"*:

```
$ hbase shell -n holaMundo.rb
1: Hola Mundo
```

8.2 Seleccionar Leer Desde Un Archivo O Desde Otro Programa Por Redirección

En muchas situaciones del trabajo diario, se requiere leer información, ya sea desde una archivo determinado o proveniente desde otro programa; por ejemplo, el comando *grep* de los sistemas **Linux**.

Se crearán dos comandos, uno que devuelva el tipo de entrada seleccionado de acuerdo al uso de los argumentos, ya sea que se proporcione un nombre de archivo o se tome una redirección; y otro que nos permita cerrar dicha entrada.

Consideraciones:

- **$stdin:** Es la variable global que contiene la ruta del archivo que funciona como salida estándar
- **ARGV:** Es la constante que contiene el arreglo de argumentos que provienen de la línea de comandos. La posición *0* contiene el primer argumento.

Código de los comandos:

```
def selEntrada
    ARGV.length == 0 ? $stdin : File.open(ARGV[0],"r")
End

def cerrarEntrada parArchivo
    if parArchivo != $stdin then
      parArchivo.close
    end
end
```

Detalle de los comandos:

- **selEntradas:**
    - Si el número de argumentos proporcionados es *0*, significa que no se proporcionó un nombre de archivo a leer, por lo tanto, se espera una redirección desde otro medio. Se devuelve como archivo de lectura la variable que contiene a la entrada estándar
    - Si el número de argumentos proporcionados

no es *0*, significa que se ha proporcionado un nombre de archivo a leer y que debe abrirse en modo lectura. Se devuelve este archivo para obtener datos de él

- **cerrarEntrada:**
  - ○ Toma un archivo como argumento
  - ○ Si el archivo proporcionado no coincide con la entrada estándar, significa que se ha abierto un archivo proporcionado desde la línea de comandos y es conveniente liberar su descriptor

Código del programa usuario:

```
$LOAD_PATH << "."

require "GeneralRubyHBase"
include GeneralRubyHBase

origenLectura = selEntrada

while renglon = origenLectura.gets do
  renglon = renglon.chomp
  puts "leido: #{renglon}"
end

cerrarEntrada origenLectura

exit 0
```

Detalles del programa usuario:

- Se recupera la entrada seleccionada
- Se obtiene un renglón hasta que ya no haya más. El *while* lo hace por nosotros. Por cada uno de estos renglones obtenidos:

- ○ Eliminamos el salto de línea por medio del método *chomp*, ya que *gets* lo recupera inclusive; y aunque en este caso de uso en particular no nos afecta, en situaciones donde se requiera hacer comparaciones podría llevarnos a resultados no deseados.
  - ○ Imprimimos el renglón obtenido.
- Cerramos el archivo de entrada
- Salimos con un estado de *0* errores

Archivo de lectura para el programa usuario:

```
$cat redireccionArchivo.ent
linea uno
linea dos
linea tres
linea cuatro
linea cinco
```

Ejecución del programa usuario:

- Desde un Archivo:

```
$ hbase shell -n redireccionArchivo.rb redireccionArchivo.ent
leido: linea uno
leido: linea dos
leido: linea tres
leido: linea cuatro
leido: linea cinco
```

- Desde otro programa por redirección:
  - ○ Enviar solo las líneas tres y cuatro por medio del comando *grep* de *Linux*

```
$ grep "tr" redireccionArchivo.ent | hbase shell -n redireccionArchivo.rb
```

leido: linea tres

leido: linea cuatro

8.3 Otros Argumentos Desde La Línea De Comandos Además Del Archivo De Entrada

Otra situación que se puede presentar al crear nuestros *Scripts* reutilizables, es que se necesiten otros argumentos además del nombre del archivo de lectura, los cuales pueden estar o no estarlo. Por ejemplo, en el caso del *Script* anterior, podría optarse por mostrar o no la etiqueta de *leído*.

Por tanto, se deberá modificar nuestro comando de selección de entrada, de tal manera que no solo tome en cuenta la existencia o no existencia del argumento *0*.

También se creará un nuevo comando que nos devuelva todos los argumentos que provienen de la línea de comandos.

Código de los comandos:

```
def selEntrada parPos = 0
    ARGV.length <= parPos ? $stdin : File.open(ARGV[parPos],"r")
end

def argsEntrada
    resArgs = {}
    resArgs.default = false
```

```
for arg in ARGV
  if arg["--"] != nil then
    resArgs[arg] = true
  else
    break
  end
end
resArgs["archEntrada"] = selEntrada resArgs.length
resArgs
end
```

Detalles de los comandos:

- **selEntrada:**
  - Ahora verifica que la cantidad de argumentos proporcionados sea menor o igual que la posición esperada; si es verdadero, entonces se espera una redirección, en caso contrario se espera que el archivo venga indicado en la lista de argumentos
  - Ejemplo: Si la posición esperada es *0* y la cantidad de argumentos es *1*, entonces se proporcionó el nombre del archivo en la línea de comandos. Si la posición esperada es *0* y el número de argumentos es *0*, entonces no se proporcionó nada por la línea de comandos y se espera una redirección
- **argsEntrada:**
  - Se recorre la lista de argumentos
  - Agrega cada argumento del tipo *"--argumento"* al **Hash** de salida, hasta que encuentra un argumento del tipo *"argumento"*, que se asumirá el nombre del archivo deseado. En caso de no encontrar ningún argumento del tipo *"argu-*

mento" simplemente se sale del ciclo
- ◦ La posición esperada del nombre del archivo es el tamaño del *Hash* de salida. Esta se ocupará para llamar al comando *selEntrada*
- ◦ Se agrega la referencia al archivo de entrada al *Hash* de salida

Código del programa usuario:

```
$LOAD_PATH << "."

require "GeneralRubyHBase"
include GeneralRubyHBase

argumentos = argsEntrada

abreCorch, cierraCorch = argumentos["--corchetes"] ? ["[","]"] : ["",""]
abreLlave, cierraLlave = argumentos["--llaves"] ? ["{","}"] : ["",""]
archLineas = argumentos["archEntrada"]

while linea = archLineas.gets do
  linea = linea.chomp
  puts "#{abreCorch}#{abreLlave}#{linea}#{cierraLlave}#{cierraCorch}"
end

cerrarEntrada archLineas

exit 0
```

Detalles del programa usuario:

- Se recuperan los argumentos desde la línea de comandos, incluyendo la referencia al archivo de entrada
- Dependiendo de si existen o no los argumentos "**--cor-**

chetes" y **"--llaves"**, se asignan las variables que contendrán dichos elementos.

- Se recorre el archivo línea por línea y se muestran cada una de ellas, incluyendo los corchetes y las llaves, si es que fueron seleccionados como elementos de aparición por medio de los argumentos de llamado del *Script*

Ejecución del programa usuario

```
$ hbase shell -n argumentos.rb redireccionArchivo.ent
linea uno
linea dos
linea tres
linea cuatro
linea cinco

$ hbase shell -n argumentos.rb --corchetes redireccionArchivo.ent
[linea uno]
[linea dos]
[linea tres]
[linea cuatro]
[linea cinco]

$ grep "tr" redireccionArchivo.ent | hbase shell -n argumentos.rb --corchetes --llaves
[{linea tres}]
[{linea cuatro}]
```

8.4 Escribir Texto En Distintos Colores En La Terminal

Cuando escribimos nuestros resultados hacia la consola no tenemos muchas opciones gráficas y se hace difícil distinguir algunos elementos de otros de manera visual. Por tanto, vamos a escribir un comando alternativo a *puts*, que nos permite desplegar texto en diferentes colores.

- **puts**: escribe texto hacia la variable que referencia la salida estándar
- Las terminales *Linux* y algunas *Windows* como *Conemu* aceptan códigos de color a través de las cadenas a desplegar

Código del comando:

```
#Constantes
COLOR = {"ROJO"=>31, "VERDE"=>32, "AMARILLO"=>33, "AZUL"=>34, "MAGENTA"=>35, "CELESTE"=>36 }
 COLOR.default = 0
#Comando
def putsc texto, color
   puts "\e[#{color}m#{texto}\e[0m"
end
```

Detalles del comando:

- Se crea un *Hash* que mapea el nombre del color con su número de código
- Se envía el texto a escribir por medio de un *puts* que contiene la secuencia de caracteres necesaria para enviar el código de colores a la terminal antes del contenido del texto a imprimir y la secuencia de caracteres para dejar el color de texto en su estado previo al final.

Código de programa usuario:

```
$LOAD_PATH << "."

require "GeneralRubyHBase.rb"
include GeneralRubyHBase

COLOR.each do |color, valor|
    putsc "Escrito en color #{color}", valor
end

exit 0
```

Detalles del programa usuario:

- Se recorre el *Hash* de colores
- Se imprime el texto con el nombre y el color correspondiente

Ejecución del programa usuario:

```
$ hbase shell -n colores.rb
Escrito en color ROJO
Escrito en color VERDE
Escrito en color AMARILLO
Escrito en color AZUL
Escrito en color MAGENTA
Escrito en color CELESTE
```

9 SCRIPTS: GUIONES DE DEFINICIÓN DE DATOS

Los *Scripts* (guiones) de definición de datos, nos permiten escribir una secuencia de comandos para establecer la estructura que organiza nuestros datos; de tal manera, que sea posible automatizar las tareas repetitivas y con posibilidades de volverse a utilizar en un futuro.

Ahora que ya conocemos como incorporar el módulo de nuevos comandos y también como ejecutar un *Script* desde la línea de comandos; procedemos a la creación de algunos guiones para la Definición de Datos.

9.1 Verificar La Existencia De Una Lista De Tablas

Requerimiento:

- Verificar que una lista de tablas exista en nuestro HBase

- La lista puede leerse desde un archivo de texto
- La lista puede leerse desde la salida de algún otro programa
- Mostrar en rojo si no existe la tabla
- Mostrar en verde si existe la tabla

Código:

```ruby
$LOAD_PATH << "."

require "GeneralRubyHBase"
include GeneralRubyHBase

archivo = selEntrada

while tabla = archivo.gets do
    tabla = tabla.chomp
    msjExiste = ""
    color = COLOR["VERDE"]
    if !existeTabla tabla
      msjExiste = "NO"
      color = COLOR["ROJO"]
    end
    putsc "La Tabla [#{tabla}], actualmente #{msjExiste} existe", color
    puts "_____", ""
end

cerrarEntrada archivo

exit 0
```

Detalles:

- Si el nombre del archivo puede leerse desde la línea de

comandos, se abre de lectura ese archivo y se asigna a la variable que contiene la referencia al archivo a leer
- En caso contrario, se asigna el flujo de entrada estándar a la variable que contiene la referencia al archivo a leer
- Una vez que se ha seleccionado el archivo de lectura, se lee uno a uno el nombre de la tabla a verificar y se verifica por medio del comando *existeTabla*, el cual ya hemos creado en la sección anterior
- Se escribe el resultado por tabla en el color correspondiente

Archivo:

```
$ cat tablasVerificar.ent
biblioteca:libros
biblioteca:usuarios
cafeteria:bebidas
cafeteria:postres
empleados:administrativos
empleados:docentes
empleados:intendentes
papeleria:papeles
papeleria:plumas
```

Ejecución 01:

```
$ hbase shell -n verificaTablas.rb tablasVerificar.ent
0 row(s) in 0.0760 seconds

La Tabla [biblioteca:libros], actualmente existe

_____

0 row(s) in 0.0010 seconds
```

La Tabla [biblioteca:usuarios], actualmente existe

(--- Otros resultados ---)

----

0 row(s) in 0.0020 seconds

La Tabla [papeleria:papeles], actualmente NO existe

----

0 row(s) in 0.0010 seconds

La Tabla [papeleria:plumas], actualmente NO existe

Ejecución 02:

```
$ grep cafeteria tablasVerificar.ent | hbase shell -n verificaTablas.rb
0 row(s) in 0.0840 seconds
```

La Tabla [cafeteria:bebidas], actualmente NO existe

----

0 row(s) in 0.0010 seconds

La Tabla [cafeteria:postres], actualmente NO existe

9.2 Creación De Espacios Nominales A Partir De Una Lista En Archivo

Requerimiento:

- Crear los espacios nominales requeridos
- Crear el espacio nominal solo si no existe
- La lista de espacios nominales puede leerse desde un archivo de texto
- La lista de espacios nominales puede leerse desde la salida de algún otro programa
- Mostrar en rojo si ya existe el espacio nominal
- Mostrar en verde si se creará el espacio nominal

Código:

```
$LOAD_PATH << "."

require "GeneralRubyHBase"
include GeneralRubyHBase

archEspacios = selEntrada

puts "","--------------------"
while espacio = archEspacios.gets do
    espacio = espacio.chomp
    if !existeEspacioNominal espacio then
        putsc "#{espacio}: Se crea el espacio nominal", COLOR["VERDE"]
        create_namespace espacio
    else
        putsc "#{espacio}: No es necesario crear el espacio nominal\n", COLOR["ROJO"]
    end
    puts "--------------------"
end

cerrarEntrada archive

exit 0
```

93

Detalles:

- Se recorre el archivo de espacios nominales
- Si el espacio nominal no existe: se informa en verde y se crea
- Si el espacio nominal existe: sólo se informa en rojo

Archivo de ejecución:

```
$ cat espaciosCrear.ent
papeleria
biblioteca
cafeteria
```

Ejecución:

```
$ hbase shell -n creaEspaciosNominales.rb espaciosCrear.ent

--------------------
papeleria: Se crea el espacio nominal
0 row(s) in 0.1440 seconds

--------------------
biblioteca: No es necesario crear el espacio nominal

--------------------
cafeteria: Se crea el espacio nominal
0 row(s) in 0.0180 seconds

--------------------
```

9.3 Eliminación De Espacios Nominales A Partir De Una Lista En Archivo

Requerimiento:

- Eliminar los espacios nominales requeridos
- Eliminar el espacio nominal solo si existe
- La lista de espacios nominales puede leerse desde un archivo de texto
- La lista de espacios nominales puede leerse desde la salida de algún otro programa
- Mostrar en rojo si ya no existe el espacio nominal
- Mostrar en verde si se eliminará el espacio nominal

Código:

```
$LOAD_PATH << "."

require "GeneralRubyHBase"
include GeneralRubyHBase

archEspacios = selEntrada

puts "","--------------------"

while espacio = archEspacios.gets do
    espacio = espacio.chomp
    if existeEspacioNominal espacio then
        putsc "#{espacio}: Se elimina el espacio nominal", COLOR["VERDE"]
        drop_namespace espacio
    else
        puts "#{espacio}: No es necesario eliminar el espacio nominal\n", COLOR["ROJO"]
    end
    puts "--------------------"
end
```

```
cerrarEntrada archEspacios

exit 0
```

Detalles:

- Se recorre el archivo de espacios nominales
- Si el espacio nominal existe: se informa en verde y se elimina
- Si el espacio nominal no existe: sólo se informa en rojo

Archivo de ejecución:

```
$ cat espaciosEliminar.ent
papeleria
estantes
cafeteria
```

Ejecución:

```
$ cat espaciosEliminar.ent | hbase shell -n eliminaEspaciosNominales.rb

--------------------
papeleria: Se elimina el espacio nominal
0 row(s) in 0.0340 seconds

--------------------
estantes: No es necesario eliminar el espacio nominal

--------------------
cafeteria: Se elimina el espacio nominal
0 row(s) in 0.0160 seconds
```

Recomendación:

- Volver a ejecutar el Script de creación de espacios

9.4 Creación De Tablas Y Su Espacio Nominal Asociado

Requerimiento:

- Crear las tablas requeridas
- Crear la tabla solo si no existe
- Crear la tabla solo si el espacio nominal existe
- Crear el espacio nominal si este no existe
- Crear el espacio nominal solo si es indicado por medio del argumento **--cen** *(crear espacio nominal)*, proporcionado desde la línea de comandos
- La lista de tablas puede leerse desde un archivo de texto
- La lista de tablas puede leerse desde la salida de algún otro programa
- Mostrar en rojo cuando la tabla no pueda crearse de acuerdo a nuestro requerimiento
- Mostrar en verde si se creará la tabla
- Mostrar en azul si se creará el espacio nominal

Código:

```
$LOAD_PATH << ".."

require "GeneralRubyHBase"
include GeneralRubyHBase
```

```
argumentos = argsEntrada
creaEspacioNominal = argumentos["--cen"]
archTablas = argumentos["archEntrada"]


puts "----------------------------"
while tabla = archTablas.gets do
   tabla = tabla.chomp.gsub(" ", "")
   tabla[","]=":"
   espacioNominal = tabla.split(":")[0]
   tablaArgs = tabla.split(",")
   if !existeEspacioNominal(espacioNominal) then
      if creaEspacioNominal then
          putsc "El espacio nominal [#{espacioNominal}] no existe, SE creara espacio
nominal", COLOR["AZUL"]
          create_namespace espacioNominal
      else
          putsc "El espacio nominal [#{espacioNominal}] no existe, NO se creara la
tabla [#{tablaArgs[0]}]", COLOR["ROJO"]
          next
      end
   end
   if !existeTabla tablaArgs[0] then
      putsc "Se crea la tabla [#{tablaArgs[0]}]", COLOR["VERDE"]
      create *tablaArgs
   else
      putsc "NO se crea la tabla [#{tablaArgs[0]}], YA existe", COLOR["ROJO"]
   end
   puts "----------------------------"
end

cerrarEntrada archTablas
exit 0
```

Detalles:

- Se recupera la información inicial de ejecución para asignarlos a nombres de variables descriptivos:
  - Argumento **--cen**
  - Referencia al archivo de entrada
- Se recorre el archivo que contiene la lista de tablas junto con su espacio nominal y sus familias de columnas
- Se prepara cada cadena para obtener mejor la información de la misma:
  - Se eliminan los espacios de la cadena
  - El nombre del espacio nominal y el nombre de la tabla, se unen para formar un nombre de tabla completo
- Por cada línea del archivo:
  - Se extrae el nombre del espacio nominal
  - Se extraen los argumentos de creación de la tabla.
  - Si no existe el espacio nominal y se pide la creación del mismo, éste se crea, en caso contrario solo se informa que no se creará la tabla y se continua con la siguiente.
  - Si no existe la tabla se crea pasando el arreglo de argumento de creación de la tabla por medio del operador *splat* (*), en caso contrario solo se informa que no se creará la tabla y se procede con la siguiente.
- Se cierra el archivo de entrada
- Se sale del *Script* con 0 errores

Archivo de ejecución:

```
$ cat tablasCrear.ent
papeleria, papeles, general, especifico
```

papeleria, plumas, general, especifico

cafeteria, postres, general, ingredientes, especifico

cafeteria, bebidas, general, procedencia, especifico

empleados, administrativos, profesional, personal

empleados, docentes, profesional, personal

empleados, intendentes, profesional, personal

biblioteca, libros, autor, editorial, identificación

Ejecución 01:

```
$ hbase shell -n creaTablasEspacio.rb tablasCrear.ent
-------------------------------
0 row(s) in 0.0320 seconds

Se crea la tabla [papeleria:papeles]
0 row(s) in 1.4060 seconds


-------------------------------
(--- Otros resultados similares ---)
-------------------------------
0 row(s) in 0.0010 seconds


Se crea la tabla [cafeteria:bebidas]
0 row(s) in 1.2400 seconds


-------------------------------
El espacio nominal [empleados] no existe, NO se creara la tabla [empleados:ad-
ministrativos]
El espacio nominal [empleados] no existe, NO se creara la tabla [empleados:do-
centes]
El espacio nominal [empleados] no existe, NO se creara la tabla [empleados:in-
tendentes]
0 row(s) in 0.0020 seconds
```

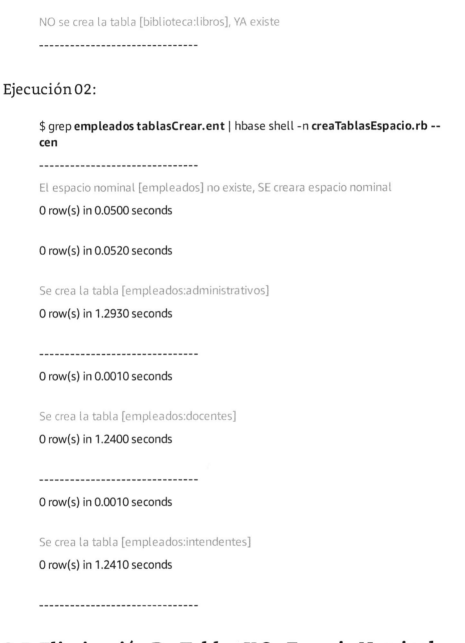

NO se crea la tabla [biblioteca:libros], YA existe

Ejecución 02:

$ grep **empleados tablasCrear.ent** | hbase shell -n **creaTablasEspacio.rb --cen**

El espacio nominal [empleados] no existe, SE creara espacio nominal

0 row(s) in 0.0500 seconds

0 row(s) in 0.0520 seconds

Se crea la tabla [empleados:administrativos]

0 row(s) in 1.2930 seconds

----

0 row(s) in 0.0010 seconds

Se crea la tabla [empleados:docentes]

0 row(s) in 1.2400 seconds

----

0 row(s) in 0.0010 seconds

Se crea la tabla [empleados:intendentes]

0 row(s) in 1.2410 seconds

9.5 Eliminación De Tablas Y Su Espacio Nominal Asociado

Requerimiento:

- Eliminar las tablas requeridas
- Eliminar la tabla solo si existe
- Eliminar el espacio nominal si este no tiene tablas asociadas
- Eliminar el espacio nominal solo si es indicado por medio del argumento **--een** *(eliminar espacio nominal)*, proporcionado desde la línea de comandos
- La lista de tablas puede leerse desde un archivo de texto
- La lista de tablas puede leerse desde la salida de algún otro programa
- Mostrar en rojo cuando la tabla no pueda eliminarse de acuerdo a nuestro requerimiento
- Mostrar en verde si se eliminará la tabla
- Mostrar en azul si se eliminará el espacio nominal

Código:

```
$LOAD_PATH << "."

require "GeneralRubyHBase"
include GeneralRubyHBase

argumentos = argsEntrada
elimEspacioNominal = argumentos["--een"]
archTablas = argumentos["archEntrada"]

puts "-------------------------------"
while espTabla = archTablas.gets do
    espTabla = espTabla.chomp
    espacioNominal = espTabla.split(":")[0]
    if existeTabla(espTabla) then
```

```
    putsc "Se elimina la tabla [#{espTabla}]", COLOR["VERDE"]
    disable espTabla
    drop espTabla
else
    putsc "NO se elimina la tabla [#{espTabla}], NO existe", COLOR["ROJO"]
end

if elimEspacioNominal && existeEspacioNominal(espacioNominal) then
    if espacioNominalVacio(espacioNominal) then
        putsc "El espacio nominal [#{espacioNominal}] SE eliminara", COLOR["A-
ZUL"]
        drop_namespace espacioNominal
    else
        putsc "El espacio nominal [#{espacioNominal}] NO esta vacio, NO se eli-
minara", COLOR["ROJO"]
    end
end
    puts "-----------------------------"
end

cerrarEntrada archTablas
exit 0
```

Detalles:

- Se recupera la información inicial de ejecución para asignarlos a nombres de variables descriptivos:
  ◦ Argumento **--een**
  ◦ Referencia al archivo de entrada
- Por cada línea extraída del archivo de tablas a borrar:
  ◦ Se obtiene el espacio nominal
  ◦ Si existe la tabla, se informa en verde y se elimina; en caso contrario solo se informa en rojo. Para eliminar una tabla, primero hay que des-

   habilitarla
- ◦ Si se solicita eliminación del espacio nominal y el espacio nominal existe, se verifica además que esté vacío, de ser así, se informa en azul y se elimina; en caso contrario, solo se informa en rojo.
- Se cierra el archivo de entrada
- Se sale del Script con *0* errores

Archivo de ejecución:

```
$ cat tablasEliminar.ent
papeleria:papeles
papeleria:plumas
cafeteria:sandwiches
```

Ejecución:

```
$ hbase shell eliminaTablasEspacio.rb --een tablasEliminar.ent
-------------------------------
0 row(s) in 0.0730 seconds

Se elimina la tabla [papeleria:papeles]
0 row(s) in 2.5390 seconds

0 row(s) in 1.3170 seconds

El espacio nominal [papeleria] NO esta vacio, NO se eliminara
-------------------------------
0 row(s) in 0.0010 seconds

Se elimina la tabla [papeleria:plumas]
0 row(s) in 2.2720 seconds
```

0 row(s) in 1.2600 seconds

El espacio nominal [papeleria] SE eliminara

0 row(s) in 0.0390 seconds

----

0 row(s) in 0.0010 seconds

NO se elimina la tabla [cafeteria:sandwiches], NO existe

El espacio nominal [cafeteria] NO esta vacio, NO se eliminara

----

10 SCRIPTS: GUIONES DE MANIPULACIÓN DE DATOS

Los *Scripts* de manipulación de datos, nos permiten escribir una secuencia de comandos para establecer y controlar el contenido de nuestras tablas, así como recuperar la información que en ellas se contiene.

10.1 Insertar O Actualizar Datos En Una Tabla

Requerimiento:

- Insertar o modifica los datos dentro de una tabla determinada
- Los datos pueden leerse desde un archivo de texto
- Los datos pueden leerse desde la salida de algún otro programa
- Los datos deben cumplir con el siguiente formato:
  - El primer renglón contiene el nombre de la tabla
  - El segundo renglón contiene los nombres de las columnas, separados por comas
  - El resto de los renglones contienen los va-

lores de los datos a insertar, separados por comas y en el mismo orden que el nombre de las columnas

Consideraciones:

- **put**: Permite insertar o modificar los datos de una tabla, por tanto, el mismo código, puede realizar ambas funciones.

Código:

```
$LOAD_PATH << "."

require "GeneralRubyHBase"
include GeneralRubyHBase

archDatos=selEntrada
tabla = archDatos.gets.chomp
columnas = archDatos.gets.chomp.gsub(" ","").split(",")

putsc "---------------------------", COLOR["AZUL"]
putsc "tabla= #{tabla}", COLOR["AZUL"]
putsc "Columnas= #{columnas.join(", ")}", COLOR["AZUL"]
putsc "---------------------------", COLOR["AZUL"]
putsc "---------------------------", COLOR["VERDE"]
while renglonDatos = archDatos.gets do
    renglonDatos = renglonDatos.chomp.split(",")
    columnasValor = columnas.zip(renglonDatos)
    rowId = columnasValor.shift
    putsc "#{rowId[0]} = #{rowId[1]}", COLOR["VERDE"]
    columnasValor.each do |columna,valor|
        putsc "#{columna} = #{valor.strip}", COLOR["VERDE"]
```

```
        put tabla, rowId[1].strip, columna, valor.strip
    end
    putsc "Valores insertados o actualizados= #{renglonDatos.join(",")}", COLO-
    R["AZUL"]
        putsc "--------------------------", COLOR["VERDE"]
    end

    cerrarEntrada archDatos
    exit 0
```

Detalles:

- Se recupera el nombre de la tabla
- Se recupera el nombre de las columnas
- Se recupera cada uno de los renglones de datos
  ◦ Se obtienen los valores de las columnas
  ◦ Se integra el arreglo de valores al arreglo de columnas
  ◦ Se recupera el *identificador del renglón*
- Se inserta cada una de las columnas del renglón, reco-
  rriendo cada una de sus tuplas *columna-valor*

Archivo de ejecución de inserción:

```
$ cat insertaDato.ent
biblioteca:libros
rowid, identificación:titulo, identificación:titulo_original, autor:nombre, autor:a-
pellido, editorial:nombre, editorial:pais
es002, Pedro Páramo, Pedro Páramo, Juan, Rulfo, Camex, México
al002, El Lobo Estepario, Der Steppenwolf, Hermann, Hesse, Calicol, Colombia
us001, El Viejo y el Mar, The Old Man and the Sea, Ernest, Hemingway, Camex,
México
```

Ejecución de inserción (Solo se mostrará salida para un renglón):

$ hbase shell -n **insertaActualizaDatos.rb insertaDatos.ent**

----

tabla= biblioteca:libros

Columnas= rowid, identificación:titulo, identificación:titulo_original, autor:nombre, autor:apellido, editorial:nombre, editorial:pais

----

----

rowid = es002

identificación:titulo = Pedro Páramo

0 row(s) in 0.7840 seconds

identificación:titulo_original = Pedro Páramo

0 row(s) in 0.0070 seconds

autor:nombre = Juan

0 row(s) in 0.0060 seconds

autor:apellido = Rulfo

0 row(s) in 0.0130 seconds

editorial:nombre = Camex

0 row(s) in 0.0070 seconds

editorial:pais = México

0 row(s) in 0.0060 seconds

Valores insertados o actualizados= es002, Pedro Páramo, Pedro Páramo, Juan, Rulfo, Camex, México

----

(Salida de otros renglones => No se muestran por claridad)

Archivo de actualización:

```
$ cat actualizaDatos.ent
biblioteca:libros
rowid, editorial:nombre
es002, TenochMex
us001, Ajolote
```

Ejecución de actualización:

```
$ hbase shell -n insertaActualizaDatos.rb actualizaDatos.ent
----------------------------
tabla= biblioteca:libros
Columnas= rowid, editorial:nombre
----------------------------
----------------------------
rowid = es002
editorial:nombre = TenochMex
0 row(s) in 0.7210 seconds

Valores insertados o actualizados= es002, TenochMex
----------------------------
rowid = us001
editorial:nombre = Ajolote
0 row(s) in 0.0070 seconds

Valores insertados o actualizados= us001, Ajolote
----------------------------
```

Verificación del valor actualizado en el Shell de HBase

```
hbase(main):027:0> get "biblioteca:libros", "es002", "editorial:nombre"
COLUMN              CELL
 editorial:nombre        timestamp=1615404741964, value=TenochMex
1 row(s) in 0.0210 seconds
```

hbase(main):028:0> get "biblioteca:libros", "us001", "editorial:nombre"

COLUMN   CELL

 editorial:nombre   timestamp=1615404742011, value=Ajolote

1 row(s) in 0.0050 seconds

10.2 Eliminar Un Renglón Completo O N Celdas De Un Renglón De Una Tabla

Requerimiento:

- Eliminar datos dentro de una tabla determinada
- La eliminación puede ser de un renglón completo o de *n* columnas de un renglón
- Los datos pueden leerse desde un archivo de texto
- Los datos pueden leerse desde la salida de algún otro programa
- Los datos deben cumplir con el siguiente formato:
  - El primer renglón contiene el nombre de la tabla
  - Los siguientes renglones contienen información de los datos a eliminar:
  - Si el renglón del archivo solo contiene el *identificador del renglón* de la tabla *HBase*, se borra el renglón completo
  - Si el renglón del archivo contiene el *identificador del renglón* de *HBase* más la lista de columnas separadas por comas, se borran solo esas columnas

Consideraciones:

- **delete**: Solo elimina las columnas especificadas en el renglón

- **deleteall**: Elimina el renglón completo

Código:

```
$LOAD_PATH << ".."

require "GeneralRubyHBase"
include GeneralRubyHBase

archDatos=selEntrada
tabla = archDatos.gets.chomp
putsc "---------------------------", COLOR["AZUL"]
putsc "tabla= #{tabla}", COLOR["AZUL"]
putsc "---------------------------", COLOR["AZUL"]
putsc "---------------------------", COLOR["VERDE"]
while renglonDatos = archDatos.gets do
    renglonDatos = renglonDatos.chomp.split(",")
    rowId = renglonDatos.shift.strip
    if renglonDatos.length == 0 then
        putsc "Borrar el renglon: #{rowId}",  COLOR["VERDE"]
        deleteall tabla, rowId
    else
        renglonDatos.each do |columna|
            putsc "Borrar la celda: #{rowId} - #{columna.strip} ", COLOR["VERDE"]
            delete tabla, rowId, columna.strip
        end
    end
end

cerrarEntrada archDatos
exit 0
```

Detalles:

- Se recupera el nombre de la tabla
- Se recorre el resto de renglones del archivo de entrada
- Si la cadena obtenida contiene solo el identificador del renglón, se procede a su borrado
- Si la cadena obtenida contiene además nombres de columnas, se recorre cada una de ellas y se procede a su borrado
- Se cierra el archivo de entrada
- Se sale del *Script* con *0* errores

Archivo de ejecución:

```
$ cat eliminaDatos.ent
biblioteca:libros
es002, editorial:pais, identificación:titulo_original
us001
```

Ejecución:

```
$ hbase shell -n eliminaDatos.rb eliminaDatos.ent

---------------------------
tabla= biblioteca:libros
---------------------------

---------------------------
Borrar la celda: es002 – editorial:pais
0 row(s) in 0.5290 seconds

Borrar la celda: es002 - identificación:titulo_original
0 row(s) in 0.0060 seconds

Borrar el renglon: us001
```

0 row(s) in 0.0110 seconds

10.3 Mostrar Los Datos De Una Tabla

Requerimiento:

- Mostrar los datos de una tabla determinada
- Pueden ser todos los renglones de una tabla; si solo se proporciona el nombre de la misma
- Puede ser solo un renglón de una tabla; si además del nombre se proporciona el *identificador del renglón*
- El nombre de la tabla y el *identificador del renglón*, serán proporcionados como argumentos desde la línea de comandos

Consideraciones:

- **get_table:** Permite obtener una instancia de una tabla, y con ello, tener acceso a métodos que no están disponibles de manera independiente
- **_scan_internal:** Nos devuelve los datos guardados en una tabla dentro de un Hash de Hashes
- **_get_internal:** Nos devuelve las columnas y sus valores correspondientes dentro de un renglón en particular
- **eval %Q:** Devuelve la versión de la cadena sin escape de los caracteres especiales

Código:

```
$LOAD_PATH << "."

require "GeneralRubyHBase"
include GeneralRubyHBase
```

```ruby
if ARGV.length != 1 && ARGV.length != 2 then
    $stderr.puts "Número incorrecto de argumentos, se esperan 1 o 2"
    exit 1
end

def muestraColumnas(rowId, columnas)
    putsc "-------------[ RowId = #{rowId} ]--------------", COLOR["MAGENTA"]
    columnas.each do |columna, valores|
        valor = eval %Q{"#{valores.split("=").pop}"}
        print "#{columna} = "
        putsc "#{valor}", COLOR["AZUL"]
    end
    putsc "----------------------------------------", COLOR["MAGENTA"]
end

def recorre(nomTabla)
    tabla = get_table(nomTabla)
    tabla._scan_internal.each do |rowId, columnas|
        muestraColumnas rowId, columnas
    end
end

def obtiene(nomTabla, rowId)
    tabla = get_table(nomTabla)
    columnas = tabla._get_internal(rowId)
    muestraColumnas rowId, columnas
end

tabla = ARGV[0]
renglon = ARGV[1]

if renglon == nil then
```

```
        recorre tabla
    else
        obtiene tabla, renglon
    end

    exit 0
```

Detalles flujo base:

- Primero se verifica que se introduzca el número de argumentos correcto
- Se recupera tanto el nombre de la tabla como el *identificador del renglón*
- Si el *identificador del renglón* es nulo, eso quiere decir que solo se proporcionó tabla; por tanto, se requiere que se muestren todos sus renglones
- En caso contrario, si el identificador del renglón no es nulo; entonces lo que se requiere es mostrar ese renglón de la tabla en particular

Detalles método *recorre*:

- Se obtiene la instancia de la tabla
- Se obtienen los datos guardados en la tabla
- Se recorren todos los renglones de la tabla
- Por cada renglón, se muestran sus columnas y valores

Detalles método *obtiene*:

- Se obtiene la instancia de la tabla
- Se obtienen las columnas y sus valores para el renglón deseado
- Se muestran sus columnas y sus valores

Detalles método *muestraColumnas*:

- Recorre el *Hash* de columna-valor
- Por cada valor limpia los valores de escape extra
- Despliega la columna y su valor

Ejecución mostrar todos los renglones de una tabla (se muestran solo dos por motivos de claridad):

```
$ hbase shell -n consultaTabla.rb biblioteca:libros
0 row(s) in 0.0790 seconds

-------------[ RowId = al001 ]--------------
autor:apellido = Kafka
autor:nombre = Franz
editorial:nombre = Country
editorial:pais = España
identificación:titulo = La Metamorfosis
identificación:titulo_original = Die Weißen Blätter
---------------------------------------------
-------------[ RowId = al002 ]--------------
autor:apellido = Hesse
autor:nombre = Hermann
editorial:nombre = Calicol
editorial:pais = Colombia
identificación:titulo = El Lobo Estepario
identificación:titulo_original = Der Steppenwolf
---------------------------------------------
```

Ejecución para mostrar un solo renglón de una tabla:

```
$ hbase shell -n consultaTabla.rb biblioteca:libros es001
```

0 row(s) in 0.0730 seconds

-------------[RowId = es001]-------------

autor:apellido = De Cervantes y Saavedra

autor:nombre = Miguel

editorial:continente = Sudamerica

editorial:nombre = Macondo

identificación:titulo = Don Quijote de la Mancha

identificación:titulo_original = Don Quijote de la Mancha

EPÍLOGO

"...Después, sobre sus rubíes, sobre sus ópalos, entre aquellas paredes resplandecientes, empezaron a bailar asidos de las manos una farandola loca y sonora..."

(El Rubí – Azul, 1888 – Rubén Darío)

ACERCA DEL AUTOR

José Edgardo Morales Barroso

Ingeniero en Sistemas Computacionales, Arquitecto de Big Data e IA y Master en Lingüística.

Amante de los Idiomas de Asia, en especial el chino y el vietnamita.

Y con un profundo amor por la escritura de poesía y relatos cortos.

jemb.autor@gmail.com

LIBROS DE ESTE AUTOR

Poesía En Un Solo Movimiento

(Tipo de Obra: Poemario)

He caminado más allá de los confines del corazón, hasta alcanzar la tierra extraña al borde de la frontera que separa el entendimiento de la razón.

Me he sentado a la orilla del mar que contiene a las aguas del olvido, he mirado el reflejo de la luna en él, pero no he podido saciar mi sed. Esta sed que deshidrata mis pensamientos.

20 Retratos De Amor

(Tipo de Obra: Poemario)

Discretamente me acerco a ti. Aquí estás, más real que nunca. Mujer más que ángel, lo que te hace más bella. Hoy te busco a través de la cotidianidad. Hoy te busco a través del día a día. Y tú, prodigiosa musa, transformas la vida diaria en poesía.

Transición 2.0

(Tipo de Obra: Poemario)

Parece nada el leve devenir de la discordia entre el "es" y el "puede ser", ahí donde el todo se funde para construir sin remordimientos los sentimientos (aquellos inocentes como cachorros que juegan bajo el sol), quienes en un suave respiro, una lágrima o una carcajada se toman de la mano apasionados de las emociones, en un desesperado intento de encontrar belleza en lo incierto.

Sinfonelia

(Tipo de Obra: Poemario)

Una extraña música sigue sonando, no puedo dejar de escucharla, ¿será acaso que ha nacido conmigo?, no, no puede ser, la he escuchado desde ayer.

Las notas son mutantes, se transforman en palabras y mi cuerpo en cuaderno pautado.

Estantería

(Tipo de Obra: Poemario)

¿Quién está ahí? No lo puedo ver, pero puedo escuchar. Está obscuro y mis suspendidos pasos se dejan caer en un tobogán de luz.

Los pájaros y sus cantos se vuelven a escuchar, en mis ojos cerrados se dibujan las formas que derivan del sonido que se filtra por mi ventana y yo vuelvo a soñar. La pasión se torna roja y el beso de tus labios también.

Bucólico Y Lluvioso

(Tipo de Obra: Poemario)

Suavemente se deslizan las gotas por mi ventana, se sonrojan en colores con la suave caricia del sol. Lentamente besan mi rostro escurrido entre los huecos de sus voces.

Es la canción del campo, solemne y clara, es la música del invierno, es el canto de la primavera, es la danza del verano y son los coros del otoño, es el arte supremo vuelto prisma sonriendo en una lluvia de luz tornasol.

Cuentos Para Locos E Insomnes - 01

(Tipo de Obra: Colección de Cuentos)

La noche hace rato que ha llegado, hace rato que ha bañado la ciudad con su oscuridad, hace rato que las luces artificiales de las calles han salpicado el mar de negrura con múltiples islas de claridad. El sonido de las patrullas, como una música macabra presagia hechos dolosos.

Mientras tanto, yo, cansado de cerrar los ojos, los abro en mitad de mi habitación, y el silencio... sí, el silencio, en una extraña paradoja, funciona como un amplificador maldito que destruye mis neuronas y mis nervios.

El Significado De Los Caracteres Chinos

(Tipo de Obra: Obra de referencia)

Este libro te permite conocer como es la construcción del significado dentro de los caracteres chinos, desde un punto de vista de la lingüística cognitiva, lo cual le permitirá al estudiante o al profesor, obtener una herramienta extra ya sea para aprender o para enseñar cada sinograma, sin necesidad de explicaciones rebuscadas para tratar de comprender un significado aparentemente inexplicable.

www.ingramcontent.com/pod-product-compliance
Lightning Source LLC
LaVergne TN
LVHW051657050326
832903LV00032B/3864